趣说中国史 秦汉篇

刘喜涛 ◎ 主编
王淑潼 ◎ 著

台海出版社

图书在版编目（CIP）数据

趣说中国史. 秦汉篇 / 刘喜涛主编；王淑潼著. --
北京：台海出版社, 2024.7
　　ISBN 978-7-5168-3862-4

　　Ⅰ. ①趣… Ⅱ. ①刘… ②王… Ⅲ. ①中国历史—秦汉时代—通俗读物 Ⅳ. ① K209

中国国家版本馆 CIP 数据核字 (2024) 第 099260 号

趣说中国史. 秦汉篇

主　　编：刘喜涛	著　者：王淑潼
责任编辑：赵旭雯	封面设计：异一设计

出版发行：台海出版社
地　　址：北京市东城区景山东街 20 号　　邮政编码：100009
电　　话：010-64041652（发行，邮购）
传　　真：010-84045799（总编室）
网　　址：www.taimeng.org.cn/thcbs/default.htm
E - m a i l：thcbs@126.com

经　　销：全国各地新华书店
印　　刷：三河市嘉科万达彩色印刷有限公司
本书如有破损、缺页、装订错误，请与本社联系调换

开　　本：880 毫米 ×1230 毫米　1/32
字　　数：180 千字　　印　　张：7.5
版　　次：2024 年 7 月第 1 版　　印　　次：2024 年 9 月第 1 次印刷
书　　号：ISBN 978-7-5168-3862-4

定　　价：49.80 元

版权所有　　翻印必究

汉朝 28 帝世系表

- 西汉高祖 - 刘邦
  - 西汉惠帝 - 刘盈
    - 前少帝 - 刘恭
    - 后少帝 - 刘弘
  - 西汉文帝 - 刘恒
    - 西汉景帝 - 刘启
      - 长沙定王 - 刘发
        - 舂陵节侯 - 刘买
          - 郁林太守 - 刘外
            - 巨鹿都尉 - 刘回
              - 南顿令 - 刘钦
                - 东汉光武帝 - 刘秀
                  - 东汉明帝 - 刘庄
                    - 东汉章帝 - 刘炟 (dá)
                      - 千乘贞王 - 刘伉
                      - 乐安夷王 - 刘宠
                      - 勃海孝王 - 刘鸿
                        - 东汉质帝 - 刘缵 (zuǎn)
                      - 济北惠王 - 刘寿
                        - 孝崇皇帝 - 刘翼
                          - 东汉桓帝 - 刘志
                      - 北乡侯 - 刘懿
                      - 东汉和帝 - 刘肇 (zhào)
                        - 东汉殇帝 - 刘隆
                      - 清河孝王 - 刘庆
                        - 东汉安帝 - 刘祜 (hù)
                          - 东汉顺帝 - 刘保
                            - 东汉冲帝 - 刘炳
                      - 河间孝王 - 刘开
                        - 孝穆皇帝 - 刘庆
                          - 孝元皇帝 - 刘淑
                            - 孝仁皇帝 - 刘苌
                              - 东汉灵帝 - 刘宏
                                - 东汉少帝 - 刘辩
                                - 东汉献帝 - 刘协
        - 舂陵戴侯 - 刘熊渠
          - 郁林太守 - 刘利
            - 苍梧太守 - 刘子张
              - 更始帝 - 刘玄
      - 西汉武帝 - 刘彻
        - 戾太子 - 刘据
          - 悼皇考 - 刘进
            - 西汉宣帝 - 刘询
              - 楚孝王 - 刘嚣
                - 广戚炀侯 - 刘勋
                  - 广戚侯 - 刘显
                    - 西汉末帝 - 刘婴
              - 西汉元帝 - 刘奭 (shì)
                - 定陶恭王 - 刘康
                  - 西汉哀帝 - 刘欣
                - 西汉成帝 - 刘骜 (áo)
                - 中山孝王 - 刘兴
                  - 西汉平帝 - 刘衎 (kàn)
              - 王政君
        - 昌邑哀王 - 刘髆 (bó)
          - 昌邑王 - 刘贺
        - 西汉昭帝 - 刘弗陵

新朝 - 王莽

秦朝 3 帝世系表

- 秦始皇 - 嬴政
  - 公子 - 扶苏
  - 秦二世 - 胡亥
- 秦王 - 子婴

目录
CONTENTS

引子 秦汉皇帝聚一堂 ………… 4

一 风云变幻 ………… 20

二 治国安民显身手 ………… 53

三 以食货为先 ………… 77

四 生命在于折腾 ………… 103

五	六	七	八	九
龙城飞将正当年	出差趣事	皇帝的人间烟火	都是文化人	年会之争
125	149	164	190	213

引子
秦汉皇帝聚一堂

太阳当空照,新的一天又来到。秦始皇拿起手机,发现自己加入了新群聊——秦汉帝王群。仔细一看,群里的熟人还不少!但是,此等大事,怎么他是最后一个知道的呢?

引子·秦汉皇帝聚一堂

秦汉帝王群(31)

秦始皇-嬴政
呀!大家都在呢,这是怎么回事?为什么我是最后一个进群的?

秦始皇-嬴政

秦王-子婴
您是千古一帝,重量级的人物必须最后出场呀!

秦二世-胡亥

秦始皇-嬴政
哈哈,群里其他人都是我的粉丝迷弟吗?都出来冒个泡呀。

西汉高祖-刘邦
确实应该最后出场,毕竟你们秦朝"后继无人"啦!

秦汉帝王群(31)

西汉文帝-刘恒

秦二世-胡亥
谁说我们后继无人了,那我算什么?

秦始皇-嬴政
算我倒霉!

秦始皇-嬴政

秦王-子婴
@秦二世-胡亥 要是没有你,我们大秦还真不至于如此短命。

秦二世-胡亥
你懂什么,家国大事,复杂得很!再说了,浓缩的都是精华!

划重点

秦朝（公元前221年-公元前207年）共存在十四年，其短命而亡的原因十分复杂。第一是法家专制主义思想的过度执行，导致国家行政体制僵化，严刑峻法，不懂得变通，导致民怨沸腾。

第二是修建长城、阿房宫、骊山墓等大型工程，大兴土木，劳民伤财。当时参与劳役的人数达到百万之多，占到当时全国青壮年男子人数的四分之一，导致从事经济生产的劳动力减少。第三是赋役沉重，百姓生活困苦。第四是焚书坑儒，钳制了其他思想的发展。焚毁诸子百家书籍，只准留下医药、卜筮、种树之书，将私藏书籍的儒生坑杀活埋。第五是残杀同胞，皇帝成为孤家寡人。秦二世胡亥即位后，宠信赵高，逼死自己的兄弟姐妹，十分残暴。

矫诏登基：秦始皇登基称帝后，立公子扶苏为太子。始皇三十七年（公元前210年），秦始皇在巡幸全国的路上，病逝于沙丘（今河北邢台）。胡亥、赵高、李斯三人合谋伪造秦始皇遗诏，立公子胡亥为太子，同时赐死公子扶苏及将军蒙恬。胡亥登基为帝，是为秦二世。

赵高谋杀秦二世胡亥后，立子婴为秦王。子婴继位仅四十六天后，刘邦就率领大军攻破武关，兵临咸阳，屯兵灞上。子婴看大势已去，为保存宗庙社稷，不得不向刘邦投降。项羽入关后，烧毁秦宫室，将子婴杀害。

指鹿为马：秦二世胡亥即位后，任命赵高为中丞相。赵高掌权后担忧群臣对自己并非真心臣服，遂采用一计来测试朝臣的态度。赵高献上一只鹿于秦二世面前，并声称："此乃一匹骏马。"秦二世听后，笑着反驳道："丞相，您似乎说得不对吧？"随后，他转而询问群臣的意见。群臣之中，有人坚持说是鹿，而有人则迎合赵高，声称这是马。事后，赵高把那些不顺从自己的大臣杀害了。后来"指鹿为马"常被用来形容那些故意混淆视听、颠倒黑白的行为。

看着秦朝三人吵得不可开交,西汉家族和东汉家族一边偷笑,一边煽风点火,不料却"引火烧身"。

秦汉帝王群(31)

西汉武帝-刘彻
秦朝就你们三人,我看也不必建什么家庭群了。

西汉海昏侯-刘贺
就三人,这关系还没理清呢!

西汉海昏侯-刘贺
[这波我看透不少]

西汉高祖-刘邦
秦始皇的生父至今成谜。

东汉光武帝-刘秀
听说子婴也是个神秘人。

东汉光武帝-刘秀
[暗中观察]

引子 · 秦汉皇帝聚一堂

秦汉帝王群(31)

秦王-子婴
你们不要欺人太甚！

秦始皇-嬴政
我们乱也只乱在了家里，怎么你们连海昏侯都出来说话了？是没有像样的帝王了吗？

秦始皇-嬴政

秦二世-胡亥
就是就是！

西汉海昏侯-刘贺
我也是当过皇帝的人！

西汉海昏侯-刘贺

新朝-王莽
不要吵了，一切都会过去，都是小事。

关于秦始皇的身世存在着争议。司马迁在《史记》中对于秦始皇的身世进行了记载。在《秦始皇本纪》中，他明确指出秦始皇是秦庄襄王（本名异人，后改名楚或子楚）的儿子。但在《吕不韦列传》中，司马迁又提出了另一种说法，即秦始皇的生母赵姬在被献给子楚之前，已经怀有身孕。也就是说，秦始皇是吕不韦之子。这两种说法并存于《史记》之中。

子婴是秦朝的最后一位统治者，在位仅四十六天，向刘邦投降后，秦朝灭亡。关于秦王子婴的身份存在着争议，共有四种说法。胡亥兄长的儿子，名婴；胡亥的兄长，名子婴；秦始皇的弟弟，名子婴；秦始皇的弟弟的儿子，名婴。究竟哪种说法是符合历史事实的，还有待历史学家考证。

海昏侯刘贺，又称西汉废帝，是汉武帝刘彻之孙，昌邑哀王刘髆（bó）之子。刘贺的统治时间极短，仅持续了二十七天，因此他成为西汉历史上在位时间最短的皇帝。元平元年（公元前74年）四月十七日，汉昭帝刘弗陵逝世，因其无嗣，必须从宗室之中择选新君。刘贺之所以被选中，除了其血脉与出身之外，更因其在朝中根基薄弱、年纪尚轻，易于操控。即位后，刘贺既缺乏政治经验，又不愿充当霍光的傀儡，便与心腹密谋除去霍光。但密谋泄露，霍光以其行为"淫乱"、危及社稷为由将其废黜，送回昌邑国故地。汉宣帝即位后诏封刘贺为海昏侯。

王莽统治时期深受周朝古制影响，推行了一系列政治、经济改革。在土地政策上，他实施了土地国有化，严厉禁止私人之间的土地交易，旨在恢复周朝时期的土地公有制。在经济政策上，引入五均六筦制度，通过政府直接介入市场，调控物价，以确保民生与商业的平稳发展。此外，他还对币制、官制进行了改革，盐铁等关键资源由官府运营，山川河流等自然资源也归于国有，加强了国家的经济基础。他提出的这些超前的政策和举措，让人都不禁怀疑他是一个穿越到古代做皇帝的人，故而王莽被现代人戏称为"穿越者"。

"穿越者"王莽不仅眼界开阔、思路清晰，还把自己的得与失看得清清楚楚。

秦汉帝王群(31)

新朝-王莽
什么"穿越者"呀,我只不过是有个好姑姑罢了!

东汉光武帝-刘秀

新朝-王莽
话又说回来,再强大的"穿越者",也敌不过天灾呀。

新朝-王莽

更始帝-刘玄

14

秦汉帝王群(31)
更始帝-刘玄
我也深有感触。
西汉高祖-刘邦
你?你只知道饮酒作乐，我看呐，就是人祸!
东汉光武帝-刘秀
4"
刘玄，这个人不中~（河南口音）
东汉明帝-刘庄
爸爸说得对!真是太给我们这一族丢脸了!
秦始皇-嬴政
@东汉光武帝-刘秀 你发的是加密通话吗?我怎么听不懂?
秦始皇-嬴政
不知所措

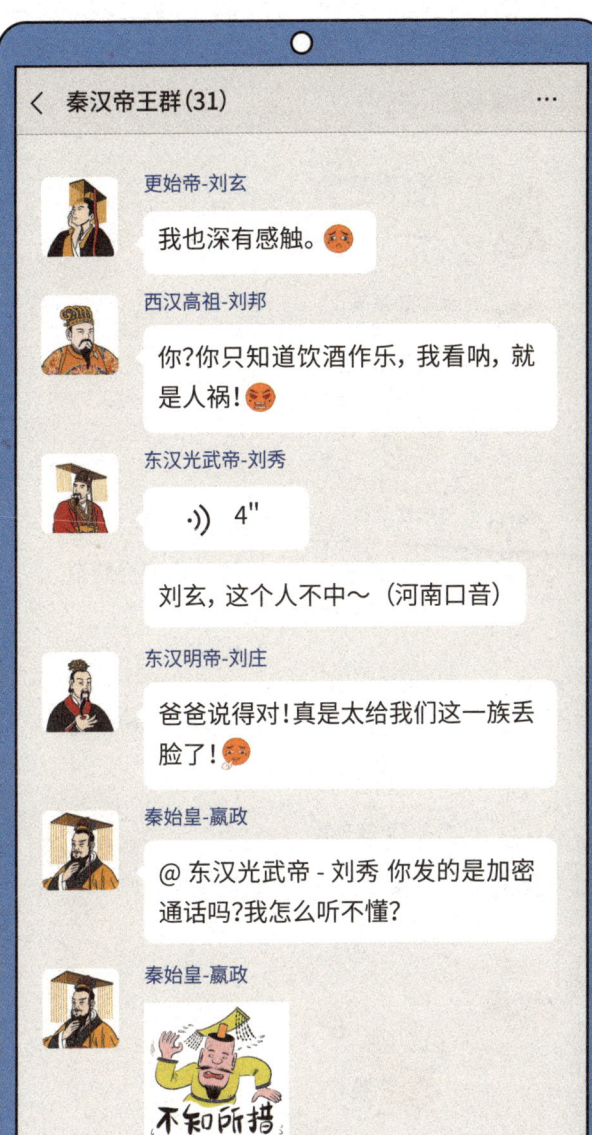

引子·秦汉皇帝聚一堂

秦汉帝王群(31)

东汉献帝-刘协
高祖爷，光武爷，你们也别骂我哥了，我们也曾努力过，衣带诏就是证明！

东汉献帝-刘协
[感觉身体被掏空 表情包]

西汉高祖-刘邦
不要狡辩了！我的大汉啊！

秦始皇-嬴政
我的大秦啊！

秦始皇-嬴政
[棺材板压不住了 表情包]

17

王莽的姑姑是王太后，本名王政君，是汉成帝刘骜的生母。在王莽初入政坛时，王太后为王莽的政治发展提供了重要帮助。但此后王莽势力极度膨胀，最终取代汉室自立为帝。王太后对此极力反对，曾经大怒将玉玺砸在地上，致使传国玉玺崩碎了一角，不久王太后即忧愤而亡。

王莽在位时实行的措施未能真正解决社会问题，反而激化了社会矛盾。再加上这一时期气候变化反复无常，导致自然灾害频繁发生。除此之外，战争、饥荒、疫病、黄河决口等接连爆发，诸多因素叠加，最终新莽政权被农民起义军推翻。

王莽当政时期，朝局混乱，爆发绿林赤眉大起义。公元23年，绿林军拥戴刘玄为帝，年号更始。刘玄称帝后，大肆封王，并把政事委托给宠妃赵氏的父亲赵萌处理，而自己日夜与后妃饮酒作乐，导致部将众叛亲离。最终于更始三年（公元25年），在赤眉军和刘秀大军的两路夹击之下，更始政权垮台。同年，赤眉军拥护刘盆子为皇帝，立年号为建世。但刘盆子作为皇帝未被承认，不属于正统政权。建世三年（公元27年），赤眉军在与刘秀大军的交锋中遭受重创，最终败下阵来，选择向刘秀投降。随后，刘秀凭借这一胜利，成功建立了东汉政权，从而开启了一段新的历史篇章。

秦朝定都咸阳，西汉定都长安，东汉定都洛阳。秦朝和西汉时期选择关中平原的咸阳和长安为都城，主要是此时关中平原修建了郑国渠、白渠等水利设施，经济生产获得快速发展，号称"关中沃野"。同时，关中地区山河环绕，地势上易守难攻，是成为首都的合适地点。东汉初年，长安由于战乱变得残破，且各种势力错综复杂，而洛阳位居天下之中，交通便利，经济上也更为富裕，且受战争破坏较少，成为东汉初年建都的首选。

刘玄是汉朝宗室的后代，是汉景帝刘启之子、长沙定王刘发的后代，同时也是光武帝刘秀的族兄。刘盆子同样是汉朝的远支宗室，汉高祖刘邦之孙、城阳景王刘章的后代。刘玄和刘盆子本无机会做皇帝，而新朝王莽统治时期，天下大乱，人心思汉。当时人们认为天命仍在刘氏手中，故而起义军为寻求天命和正统支持，先后拥立了刘玄和刘盆子称帝。

一番唇枪舌剑后，秦汉帝王群总算是建好了，但是各位帝王之间的故事才刚刚开始。

项羽听说隔壁建了秦汉帝王群却没带自己,马上私聊刘婴要求进群。刘婴可不敢怠慢,群里一下子又热闹起来。

一 · 风云变幻

秦汉帝王群(32)

"西楚霸王-项羽"通过"西汉末帝-刘婴"分享的二维码进入群聊

西楚霸王-项羽
楚虽三户，亡秦必楚！说到灭秦，还得看我们楚人。

西汉高祖-刘邦
想当年巨鹿之战，破釜沉舟，威震华夏！👍

西楚霸王-项羽

西楚霸王-项羽
想当年和你也是一见如故，咱俩拜把子、结兄弟，我还将你封为汉王，终究是错付了！💔

西汉高祖-刘邦
说好的关中王，改成了汉王，还说什么兄弟情！

21

秦汉帝王群(32)

 西楚霸王-项羽
你也有脸提"兄弟"二字?咱俩本来都言和了,你还偷袭我,最终于垓下全军覆没。

 秦王-子婴

 西汉高祖-刘邦
这个嘛……我只是做了每个帝王都会做的事罢了。

 西楚霸王-项羽
要不是鸿门宴上我放你一马,你还能活到现在吗?

 西汉惠帝-刘盈
也放了我和我妈、我爷爷一马。

 西汉惠帝-刘盈

一 · 风云变幻

巨鹿之战：秦末农民起义军与秦军主力之间的一次关键性战役。秦二世二年（公元前208年），秦军围赵王歇于巨鹿。楚怀王派宋义为主将、项羽为次将救援赵。宋义畏首不前，项羽杀宋义，率军渡过漳河后，破釜沉舟，大破秦军，解巨鹿之围。巨鹿之战基本上消灭了秦军主力，扭转了整个反秦战争的局势，为最终推翻暴秦创造了极为有利的条件。

早在巨鹿之战时，楚怀王与项羽、刘邦立下盟约，约定率先攻入关中并灭秦者将封为关中王。公元前206年，刘邦率先攻入关中，秦王子婴献城投降，秦朝自此灭亡。但项羽在战后自立为西

楚霸王，并分封诸侯，刘邦并未如约被封为关中王，反被项羽封至偏远的汉地，远离了关中的富饶之地。

垓下之战：楚汉战争中期，双方长期对峙于荥阳、成皋一线。公元前203年，双方言和，约以鸿沟为界，东楚西汉。次年，刘邦亲自率领三十万大军，采用十面埋伏的战术，将楚军围困在垓下地区。汉军在一天夜里四面唱起楚歌，以瓦解楚军军心。楚军虽然拼死抵抗，但由于人数劣势和粮草不足，最终被汉军打败。项羽在突围过程中身受重伤，最终自刎于乌江边。

楚汉相争时期，项羽担心长期对峙于己不利，于是抓住刘邦的父亲，并威胁道："若刘邦不归顺，我便取其父性命，烹为肉羹。"刘邦闻讯，冷静回应道："你我既为义结金兰之兄弟，吾父即尔父，若真行此残忍之事，愿分此羹共饮。"这便是成语"分一杯羹"的由来。最终项羽听从项伯的劝告，并未真的杀死刘邦的父亲。此外，吕雉和刘盈也都曾在项羽军营做过人质，但最终都被项羽放回。

鸿门宴：刘邦先攻占咸阳，并把守函谷关阻止项羽入关。不久项羽攻克函谷关，他对刘邦先入关不满，屯兵鸿门准备消灭刘邦。在项伯调解和张良建议下，刘邦亲至鸿门卑辞言好，项羽设宴招待刘邦。宴中，范增想趁机刺杀刘邦，项伯和樊哙为刘邦解围使其逃走。

刚刚送走了项羽这位不速之客，谁知一波刚平一波又起。吕雉不请自来，刘邦忙里忙外，应接不暇。

秦汉帝王群(32)
“汉高后-吕雉”通过“西汉末帝-刘婴”分享的二维码进入群聊
西汉高祖-刘邦
你怎么进群了？
西汉高祖-刘邦
给你一个眼神
自己体会
汉高后-吕雉
我怎么不能来?我来看看儿子。
西汉高祖-刘邦
我们每天讨论的可都是天下大事，这里不是小葵花一班家长群。
西汉高祖-刘邦
离了个大谱
秦始皇-嬴政
天下大事都是男人的事，你一介女流不要瞎掺和。

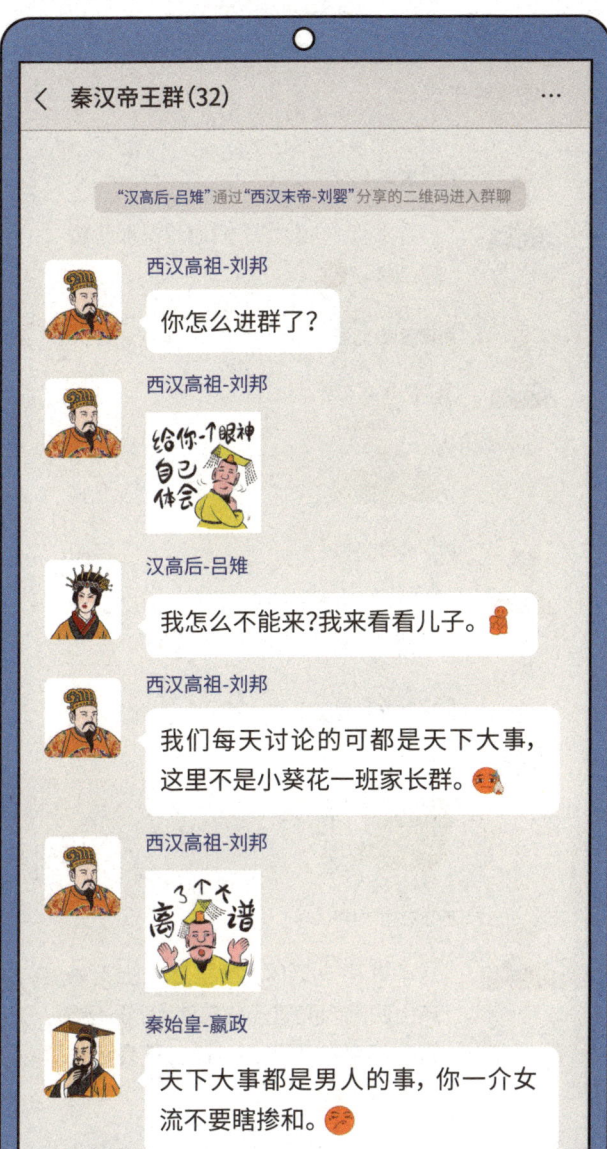

秦汉帝王群(32)

西汉惠帝-刘盈
一介女流?你们是不知道我妈那些辉煌战绩。

西汉惠帝-刘盈

西汉高祖-刘邦
我可是把咱老刘家的江山都交到你手里了,你别让我失望。

西汉惠帝-刘盈

西汉高祖-刘邦
儿子咋不说话呀,当初宴会上带着商山四皓闪亮登场的自信呢?要不是看在四老的面子上,我也不会让你当太子。

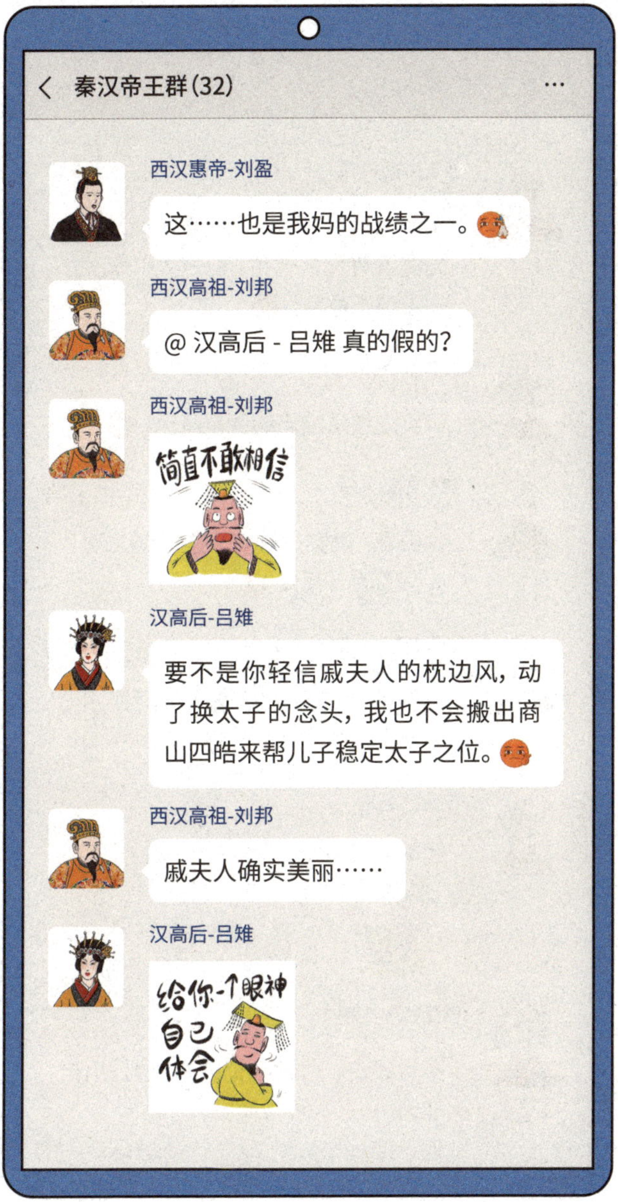

秦汉帝王群(32)

西汉惠帝-刘盈
这……也是我妈的战绩之一。

西汉高祖-刘邦
@ 汉高后-吕雉 真的假的？

西汉高祖-刘邦

汉高后-吕雉
要不是你轻信戚夫人的枕边风，动了换太子的念头，我也不会搬出商山四皓来帮儿子稳定太子之位。

西汉高祖-刘邦
戚夫人确实美丽……

汉高后-吕雉

一·风云变幻

27

西汉高祖-刘邦

但我也是为了江山社稷着想！咱儿子确实没有什么过错，但是太仁厚了，一点都不像我。

汉高后-吕雉

确实没继承咱俩的优良基因。

西汉文帝-刘恒

论狠毒，确实很难有人能超越您啊。@ 汉高后 - 吕雉

西汉景帝-刘启

可怜的惠帝要不是被人彘吓疯了，说不定真能成为一代好皇帝……

汉高后-吕雉

西汉武帝-刘彻

不得不说，您确实稍微有点儿胡作非为……

一 · 风云变幻

划重点

商山四皓指的是东园公唐秉、夏黄公崔广、绮里季吴实、甪(lù)里先生周术。他们是秦朝末年的四位博士,共同职掌通古今、辨然否、典教职,因不满秦始皇的焚书坑儒而隐居于商山。

刘邦认为太子刘盈(吕后之子)生性懦弱,难当继承重任,有意改立赵王如意(戚姬之子)为太子。吕后请求张良帮忙出谋划策,张良提出了请商山四皓出山辅佐太子的计策。刘邦深知商山四皓的才能,汉朝建立后曾多次请其出山未果。这说明太子羽翼已丰，难以轻易动摇，其仁义也能感动天下士人，刘邦故而打消了更换太子的念头。

人彘是吕后所创的一种酷刑，专门用以对付戚夫人。此刑罚极度残忍，首先将人的手掌与脚掌剁去，随后挖出双眼，以铜液灌耳，喉咙则灌以哑药，使受刑者失声。进而再割去其舌，损坏声带。部分受刑者甚至遭受面部毁损，鼻子被割，头发与眉毛剃尽。更有甚者，涂抹特殊药物于肌肤，以破坏毛囊，致其无法再生。最后，受刑者被遗弃于茅厕之中，饱受折磨，直至痛苦死去。

刘邦死后，大权渐渐落在吕后手中，吕后极力培植吕家势力，削除刘家势力。吕后逝世后，吕氏家族成员感到极度恐慌和不安，于是他们在上将军吕禄的府邸中秘密集会，密谋发动叛乱。这一消息迅速传至刘氏宗室齐王刘襄的耳中，面对吕氏家族对刘家江山社稷的威胁，刘襄深感责任重大，于是毅然决然地筹划兴兵讨伐。他深知单凭一己之力难以成事，遂主动与开国功勋周勃、陈平取得联系，共同商讨对策。在多方商议后，他们精心策划了一场旨在诛杀吕禄、清除吕氏势力的行动，以维护刘家王朝的稳固。最终，吕氏家族成员无论男女老少均被处死，吕氏集团被彻底铲除，这一事件在历史上被称为"诸吕之乱"。

白马之盟：为了维护刘氏江山的稳定，汉高祖刘邦登基后与群臣以杀白马的方式订立的盟约。盟约的核心内容是"非刘氏而王，天下共击之"，即非刘氏子弟而称王的，天下可共同击灭他。

吕雉见瞒不住了，暗暗嫌弃吕禄和吕产不懂得朋友圈分组屏蔽，并立刻换了一副面孔，打起感情牌。

秦汉帝王群(32)

汉高后-吕雉

汉高后-吕雉

我只是一介弱女子，能做到现在这样已经很努力了。难道我就没有一点功绩吗？

西汉惠帝-刘盈

有一说一，您重农宽商，整顿币制，还是很伟大的。

汉高后-吕雉

我的儿子没白疼！我很欣慰。

秦始皇-嬴政

但这离一个优秀的统治者还差得远呢，你还是歇歇吧！

西汉高祖-刘邦

@ 西汉末帝 - 刘婴 辛苦将吕后请出群聊。

吕后时期沿袭了刘邦的重农政策,同时,为了增加财政收入,促进经济发展,吕后也开始放宽经商政策,允许商人经商,并给予一定的优惠和保护。这些政策在一定程度上促进了商业的发展,为后来的文景之治打下了基础。

高后二年(公元前186年),吕后下令铸造"八铢钱",这种钱币的重量远远低于标准的五铢钱,但这一改革很快就停止了。高后六年(公元前182年),吕后再次对货币进行改革,铸造"五分钱"。这种钱币的重量只有标准五铢钱的五分之一。此次改革对汉初货币体系影响颇深,在稳定币值、平衡物价和促进商品流通方面发挥了积极作用。

"母老虎"被移出了群聊,刘邦一下子又得意起来。

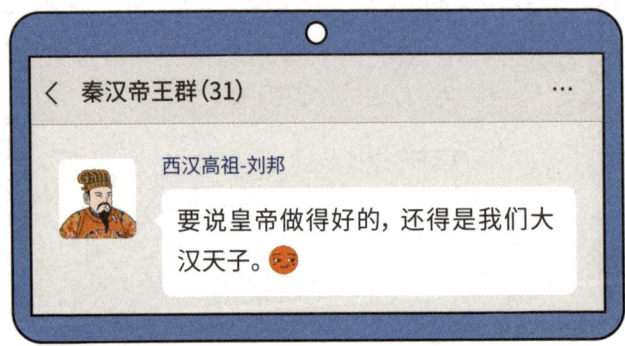

一 · 风云变幻

秦汉帝王群(31)

秦始皇-嬴政
也不知道是谁在平城白登山被围了七天七夜，最后只能靠向单于阏氏行贿才脱险……

秦始皇-嬴政
[表情：你可长点心吧]

秦二世-胡亥
是谁我就不说啦。

西汉成帝-刘骜
[表情：多损呐]

西汉高祖-刘邦
那只是盛世之前的小插曲！

秦始皇-嬴政
说到盛世，谁能有比大秦的阿房宫更华丽的宫殿？

35

秦始皇-嬴政

西汉高祖-刘邦
确实华丽啊，当年一场大火足足烧了三个月。

西汉武帝-刘彻
昏君啊！我爷爷一生提倡节俭，这才是人民的好皇帝！

西汉文帝-刘恒
不愧是我的好孙儿！

秦二世-胡亥
那为何还有"七国之乱"？

西汉高祖-刘邦
谁家还没出过几个逆子呢？你说对吧？@ 秦始皇 - 嬴政

西汉末帝-刘婴

一 · 风云变幻

秦汉帝王群(31)

秦始皇-嬴政
一整个大无语

秦二世-胡亥
不知所措

秦王-子婴
光速消失

西汉景帝-刘启
小问题，都被我收拾了！💣

划重点

白登之围：又称平城之围。西汉高祖六年（公元前201年），

37

匈奴冒顿单于率大军南下，攻克马邑，韩王信投降。随后，匈奴军再次南下侵扰，西汉高祖刘邦亲自统帅三十万大军迎战，结果被匈奴主力围困于平城白登山长达七日七夜，与外界的联络完全中断。在危急关头，刘邦采纳了陈平的计策，通过贿赂匈奴单于阏氏，最终成功脱险。白登之围后，刘邦深刻认识到匈奴的威胁，于是采纳了娄敬的和亲政策，通过联姻，与匈奴暂时缓和了紧张关系，恢复了双方的互市贸易。

西汉初期在地方行政上实行郡国并行制，诸侯王在封国内拥有政治、经济、军事、司法等大权。他们逐渐形成地方割据势力，严重影响了中央集权。汉景帝采纳晁错的建议，削弱诸侯王势力。

《削藩策》的实行引起诸侯王的不满，从而导致矛盾激化，七国之乱爆发。吴王刘濞联合楚、赵等七个诸侯王发动叛乱，汉景帝派太尉周亚夫率军平叛，仅用三个月便平定了叛乱。

提到"文景之治"，文、景二帝都骄傲得坐不住了。

秦汉帝王群(31)

西汉景帝-刘启
说到文景之治，我最有发言权。

西汉文帝-刘恒
我的好大儿，文能治天下，武能平诸侯！

一、风云变幻

秦汉帝王群(31)

西汉文帝-刘恒
给秀儿戴上

西汉高祖-刘邦
你们都有出息了

西汉武帝-刘彻
不愧是我爸!简直全能型人才,我完美继承了爸爸的文武基因。

西汉元帝-刘奭
"文景之治"真可谓我们西汉帝国的盛世。

西汉昭帝-刘弗陵
羡慕的眼神

39

秦汉帝王群(31)

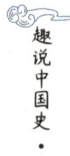

西汉昭帝-刘弗陵
您有什么治国秘诀吗?

西汉宣帝-刘询
"文景大讲堂"开课啦!🎉

西汉海昏侯-刘贺
来吧 展示

西汉文帝-刘恒
我认为加强集权不仅要削藩,还要削弱丞相权力。

西汉景帝-刘启
而且,酷吏政治也并非一无是处。

西汉哀帝-刘欣
此话怎讲

一、风云变幻

> **秦汉帝王群(31)**
>
> **西汉景帝-刘启**
> 大家有所不知，盗铸钱者、豪强大族嚣张得很，实需奉行法律、严厉打击之人！
>
> **西汉高祖-刘邦**
> 文景二帝治国有方，朕心甚慰！

划重点

文景之治：文帝、景帝统治期间，以农为本，轻徭薄赋，平定七国之乱，加强中央集权，社会经济得到恢复和发展，《史记·平准书》载："汉兴七十余年之间，国家无事，非遇水旱之灾，民则人给家足，都鄙廪庾皆满，而府库余货财。京师之钱累巨万，贯朽而不可校。太仓之粟陈陈相因，充溢露积于外，至腐败不可食。"

文景时期和汉武帝时期，随着社会经济的恢复和发展，地方豪强大族发展起来。他们拥有雄厚的经济实力，结交地方官府，不利于社会安定。汉武帝将各地豪强迁至长安，严格看管，抑制其势力。

汉景帝时期出现酷吏政治，任用酷吏，打击欺凌百姓、不遵纪守法的地方豪强。汉武帝任命张汤、杜周等酷吏，铲除豪强势力，以加强皇权、安定地方。

汉武大帝刘彻不甘被冷落，也出来疯狂刷存在感。

秦汉帝王群(31)

西汉武帝-刘彻
呜呜呜，还是爸爸厉害，不像我，落得颁布《轮台罪己诏》的境遇。

西汉武帝-刘彻
[宝宝心里苦]

西汉昭帝-刘弗陵
爸爸不要伤心，您颁布推恩令，加强了中央集权。

西汉昭帝-刘弗陵
[彩虹屁]

西汉海昏侯-刘贺
对呀对呀，您还创立了刺史制度，监察地方。

一 · 风云变幻

秦汉帝王群(31)

西汉宣帝-刘询
最重要的是，您还打击匈奴、攘夷拓土，国威远扬！👍👍

西汉武帝-刘彻
[暗中观察]

西汉高祖-刘邦
成就固然可贺，但是，你来讲讲"巫蛊之祸"是怎么回事？

秦始皇-嬴政
损失了一位太子，不是小事。💔

西汉武帝-刘彻
不瞒您说，我也很心痛。都是阉人从中作祟！

西汉武帝-刘彻
[我哪敢说话呀]

秦汉帝王群(31)

西汉昭帝-刘弗陵
是我做得不够好吗?

西汉武帝-刘彻
孩子,为父不是这个意思!

西汉高祖-刘邦
家长不好当呀!

西汉高祖-刘邦
[这又眼看透天了]

划重点

《轮台罪己诏》,又称《轮台诏》,是汉武帝在晚年颁布的重要诏书。汉武帝统治后期,由于长期的对外征伐、横征暴敛、严刑峻法,使得汉朝的社会矛盾愈发尖锐,百姓怨声载道,有如秦朝末年的衰败征兆。在征和四年(公元前89年),汉武帝深思熟虑后，拒绝了桑弘羊在轮台扩大屯田的建议，并颁布此诏书深刻反省自己的过失。自此之后，汉武帝停止了大规模的对外征伐，转而致力于内政的整顿与改革，推行休养生息、重农抑商的国策，以减轻民众负担，恢复社会经济，确保国家的长治久安。

汉武帝为稳固中央集权，削弱诸侯王的势力，颁布施行了《推恩令》。此令明确规定，诸侯王在由嫡长子继承王位的同时，有权推行"私恩"，将王国土地的一部分分封给其子弟，使之成为列侯。而这些新封列侯的名号，将由皇帝亲自赐予。

巫蛊：本质是一种迷信活动，主要是运用巫术诅咒或埋藏木偶于地以图害他人。汉武帝晚年因身体抱恙，对宫中施行的巫蛊行为心生疑虑，从而引发了著名的巫蛊之祸。征和元年（公元前92年），丞相公孙贺因被举报施行巫蛊诅咒武帝而被武帝处决，武帝随后派遣江充负责查办巫蛊案件，导致数万人被杀。至征和二年（公元前91年），江充因与卫太子存有嫌隙，趁机陷害太子，太子为自保被迫起兵。武帝随即派兵镇压，最终卫皇后与卫太子相继自杀。

看到西汉的皇帝聊得火热，东汉的皇帝们也来求关注。

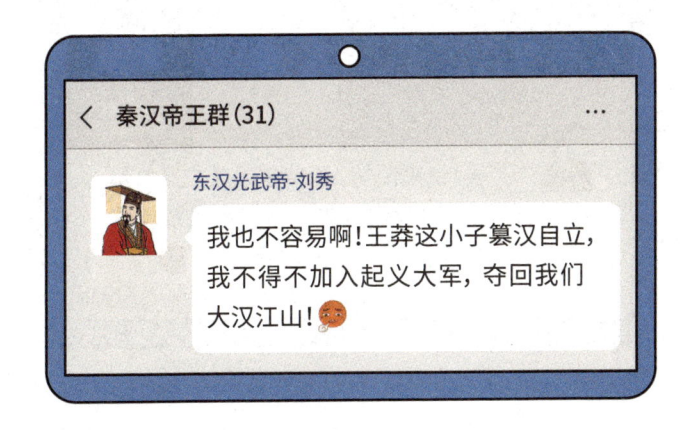

< 秦汉帝王群(31)

东汉光武帝-刘秀

我也不容易啊！王莽这小子篡汉自立，我不得不加入起义大军，夺回我们大汉江山！

秦汉帝王群(31)

东汉和帝-刘肇
特别是昆阳之战,险啊险啊!

东汉章帝-刘炟

西汉高祖-刘邦
打江山不易,守江山更难。

东汉光武帝-刘秀
是啊!我从起兵到称帝,才不过用了短短三年的时间。但削平那些地方割据势力,却足足耗费了十多年的时光!

秦始皇-嬴政
依我看,都杀了!

东汉光武帝-刘秀
唉!说来惭愧,我曾依靠这些势力起家,东汉政权的重要支柱也是豪强地主,于情于理都杀不得啊!

一 · 风云变幻

秦汉帝王群(31)

东汉明帝-刘庄
人在江湖，身不由己。

秦王-子婴
[楼上说得对]

东汉光武帝-刘秀
最后我不得不妥协，以求缓和社会矛盾。

西汉高祖-刘邦
能做到这样，也不算给我们老刘家丢人！

东汉章帝-刘炟
是啊，若没有爷爷的光武中兴之局，也不会有我们的"明章之治"了。

西汉高祖-刘邦
[格局打开]

47

划重点

昆阳之战：公元23年，绿林军派王凤、王常、刘秀率兵攻占昆阳。王莽派王寻、王邑率领大军欲夺回昆阳。刘秀突围出城，搬请救兵，最终里应外合，击败王莽军。昆阳之战基本歼灭了王莽军主力，为推翻王莽政权奠定了基础。

土地问题是西汉后期遗留下来的重要社会问题。东汉初年，地方豪强地主占有大量的土地和佃户，致使政府财政收入减少，赋役短缺。建武十五年（公元39年），光武帝刘秀下诏令各州郡进行"度田"，即核实全国各地的垦田数量和清查户口。但度田触及了豪强地主的既得利益，引发了地方豪强叛变。光武帝不得不妥协，采取分化与镇压相结合的政策，平息了叛乱，度田也不了了之。

见到汉朝子孙达成共识，胡亥忍不住暗搓搓出来挑事。

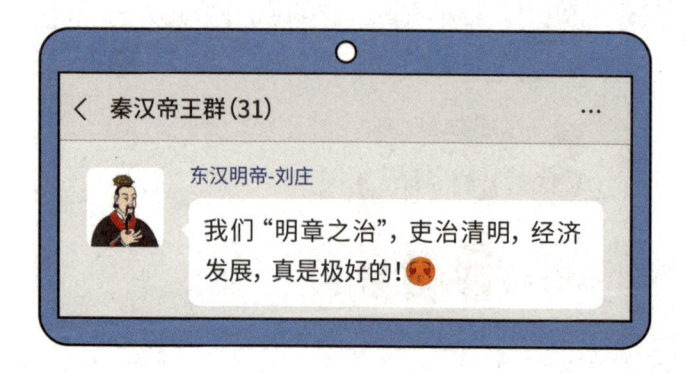

> 秦汉帝王群(31)
>
> 东汉明帝-刘庄
> 我们"明章之治"，吏治清明，经济发展，真是极好的！

一·风云变幻

秦汉帝王群(31)

东汉章帝-刘炟

> 又会儿睡

秦二世-胡亥

> 可我只听说过"未尝不叹息痛恨于桓、灵也"。

西汉高祖-刘邦

> 一整个大无语

东汉桓帝-刘志

> 这这这,我是被梁太后之兄、大将军梁冀迎入南宫即位的!我不了解啊。侄子你来解释解释这是怎么回事!@ 东汉灵帝 - 刘宏

东汉桓帝-刘志

> 光速消失

秦汉帝王群(31)

东汉灵帝-刘宏
那年我只有12岁,我还是个孩子啊!

东汉灵帝-刘宏
[不知所措]

东汉光武帝-刘秀
西园卖官养犬的不就是你吗!你这混账!

东汉灵帝-刘宏
光武爷您听我解释,都是士大夫与宦官党争之祸啊……

西汉高祖-刘邦
我的大汉啊!

西汉高祖-刘邦
[棺材板压不住了]

划重点

梁冀：东汉时期的外戚大臣，是汉顺帝皇后梁妠的哥哥。汉顺帝死后，梁太后临朝听政，梁冀专断朝政，先后立冲、质、桓三帝。汉冲帝刘炳是顺帝唯一的儿子，一岁多成为皇帝，在位仅五个月即夭折，也有说是被害死的。汉质帝刘缵在八岁时以宗室身份即位，他当朝称呼梁冀为"跋扈将军"，引起其嫉恨而被毒杀。随后，梁冀又迎立刘志为傀儡皇帝。梁太后和梁皇后死后，汉桓帝刘志联合宦官势力，灭除梁冀，但宦官又把持了朝政，致使朝政混乱，加速了东汉的灭亡。

东汉中后期，因即位皇帝年龄较小，由太后临朝听政，多由外戚把持政权。待小皇帝长大后欲夺回皇权，只得与宦官势力联合，以消灭外戚势力，但又导致宦官专权。外戚和宦官轮流把持朝政的局面使吏治腐败，政局黑暗，成为东汉灭亡的重要原因。

东汉末年朝政腐败，加之天灾横行，国家财政枯竭。为了应付军国财政开支，灵帝开设西邸，专门负责卖官，史称"西园卖官"。官的级别不同，价格也不同。卖官时既收现钱，还可赊欠，正常察举做官之人也需缴纳一半或三分之一的数额。政府为了多卖官，经常调换官吏。西园卖官使得东汉末年的吏治更加腐败，人民生活更加困苦，加速了东汉的灭亡。

汉灵帝很喜欢狗，甚至在西园中养了很多爱犬，把士大夫专用的进贤冠戴到狗的头上。他嫌马车过于颠簸，不如驴车来得安稳，就把驾御车的马都换成了驴子，还亲自驾驭，到处乱转。这股风潮流传到民间，人们争相仿效，洛阳的驴价竟然高过了马价。

无论是楚汉相争，还是文景之治，各位皇帝的经历都不是一帆风顺的。盛衰兴废，秦汉迭代，你方唱罢我登场，更精彩的治国故事即将上演……

二
治国安民显身手

各位皇帝进群都有一阵子了,谈天说地的同时,更没忘自己安邦定国之职。这不,皇帝经验交流讨论群这就开讲。

秦汉帝王群(31)

秦始皇-嬴政
快把朕120斤的文书呈上,扶朕起来,朕还能批……

东汉灵帝-刘宏
[离了个大谱 表情]

东汉明帝-刘庄
您这是勤政呢,还是贪权呀?

秦王-子婴
您确实也该歇歇了,"三公"也不是吃干饭的。

秦始皇-嬴政
[你们在教我做事 表情]

秦始皇-嬴政
朕受命于天,自当如此!

二 · 治国安民显身手

秦汉帝王群(31)

秦二世-胡亥
就是，要不是我爸创立这套行之有效的中央行政体制，你们还不知道会把国家治理成什么样子呢。

西汉高祖-刘邦
这点确实值得肯定，毕竟皇位世袭，而某些皇帝未必贤能。

东汉献帝-刘协
爷爷，高祖爷在说谁呢？@ 东汉桓帝 - 刘志

东汉桓帝-刘志
我不知道啊，侄子，高祖爷在说谁呢？@ 东汉灵帝 - 刘宏

东汉灵帝-刘宏
[不知所措]

东汉灵帝-刘宏

划重点

皇帝制度下,皇权至高无上。在立法、行政、司法、军事等方面,皇帝拥有最终决定权。秦始皇事必躬亲,天下之事无论大小皆由其决断,每天要处理的文书重一百二十斤,不完成此定额不休息。在当时人看来,他的"勤政"却是"贪于权势至如此"(《史记·秦始皇本纪》)。

秦朝的中央行政体系为三公九卿制,皇帝之下,设三公九卿。三公分别指丞相、太尉和御史大夫,他们各自拥有不同的职责和权力。丞相作为百官之首,主要负责协助皇帝处理日常政务;太尉掌握国家的军事大权;而御史大夫则负责监督官员的行为,管理律令图籍。三公之间各自独立,互不统属,相互制衡,确保皇权的稳固与集中,从而保障国家的长治久安。

都是自己的后代,刘邦思考了一下,还是决定给他们留点面子。

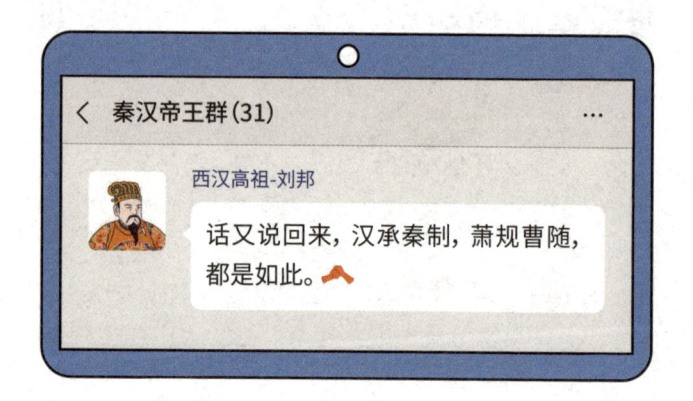

〈 秦汉帝王群(31) ...

西汉高祖-刘邦

话又说回来,汉承秦制,萧规曹随,都是如此。

二 · 治国安民显身手

秦汉帝王群(31)

秦始皇-嬴政
是啊，你们的吃穿用度、文书礼仪，哪一样不是我始皇帝首创？

秦始皇-嬴政
叉会儿腰

西汉文帝-刘恒
三公九卿制确实好用，陈平、周勃都是我的左膀右臂。🌹

西汉武帝-刘彻
真是令人羡慕！我那个丞相田蚡骄横跋扈，我不得已创立了中朝来削弱丞相的权力。💔

西汉武帝-刘彻
感觉身体被掏空

秦汉帝王群(31)

西汉高祖-刘邦
再度强化了皇权,不愧是我刘氏子孙!

西汉昭帝-刘弗陵
别提啦,您的制度治得了一时,难治一世啊!

西汉武帝-刘彻
[此话怎讲]

西汉昭帝-刘弗陵
您还记得霍光吗?霍光偷偷将不利于己的文书屏去不奏,专擅朝政啊!

西汉武帝-刘彻
霍大将军固然专横了些,但是"昭宣中兴",他功不可没呀!

西汉昭帝-刘弗陵
要不是您把国库糟蹋个精光,闹得民不聊生……

二·治国安民显身手

划重点

　　秦始皇一统六国，实现全国大一统后，为了彰显皇帝的至尊地位和神圣性，相继建立起一系列强调君主尊崇、臣子卑下的制度。"朕"这个字，原本是第一人称代词"我"的意思，但自秦始皇起，它便专属于皇帝，成为其独特的自称。皇帝的车马、衣物、器械等物品，皆被尊称为"乘舆"，其所在之处被称为"行在所"，所居之地被称为"禁中"或"省中"，所到之处则被尊称为"幸"。皇帝所使用的印章被称为"玺"，其离世则称为"崩"。臣民对皇帝的尊称为"陛下"，在上书中，臣民自称"昧死言"。此外，皇帝的命令也有特定的称谓，如"制书""策书""诏书"等。

　　田蚡：西汉初年的外戚，是汉景帝王皇后的同母弟弟。汉武帝初年，田蚡担任丞相，专横独断，其举荐的官员甚至可以直接从平民升任为官秩二千石的高官。

59

中朝：汉武帝时期，为了削弱丞相的权力，特设中央最高决策机关，称为中朝，亦称内朝。这一机构以内廷为办公地点，尚书令担任其首领，实质上成为朝廷决策的核心；外朝则由丞相为首的三公九卿组成，他们在宫外办公，主要负责执行决策，成为实际上的执行机关。通过设立中朝与外朝，汉武帝成功实现了相权的重新分配与制衡，进一步巩固了专制主义中央集权。

霍光：西汉时期的权臣、政治家，位列麒麟阁十一功臣之首，历经汉武帝、汉昭帝、汉宣帝三朝，官至大司马大将军。在昭帝和宣帝时期，霍光担任了重要的辅政大臣角色。他承袭并推行了武帝晚年所倡导的轻徭薄赋政策，致力于休养生息，使汉朝国力得以逐渐恢复。在对外政策上，霍光缓和了与匈奴的紧张关系，恢复了和亲政策，从而推动了社会生产的恢复与发展。但其曾废立昌邑王刘贺，专擅朝政，也颇受争议。后世往往将霍光与商朝的伊尹相提并论，称为"伊霍"，以"行伊霍之事"代指权臣摄政废立皇帝。

见刘彻和刘弗陵就要吵起来，刘询急忙出来打圆场。

秦汉帝王群(31)

西汉宣帝-刘询

"昭宣中兴"？爷爷又在偷偷夸我啦！
😊😊😊

二·治国安民显身手

秦汉帝王群(31)

西汉武帝-刘彻
听说我的乖孙儿曾受牢狱之苦，令我心痛啊。

秦始皇-嬴政
简直不敢相信

西汉宣帝-刘询
是啊爷爷，想必是"天将降大任于我"的前奏吧！

西汉海昏侯-刘贺
我怎么记着你原来不叫这名儿呀？

西汉宣帝-刘询
我原名刘病已，后来为了让百姓避讳更容易，改名刘询。还望各位老祖不要怪我啊。

西汉高祖-刘邦
我听说了，之前因触讳而犯罪的人全部赦免，你是个慈悲为怀的好皇帝！@秦始皇-嬴政 @秦二世-胡亥 @秦王-子婴

61

趣说中国史·秦汉篇

秦汉帝王群(31)

秦始皇-嬴政

秦二世-胡亥

秦王-子婴

西汉武帝-刘彻
快讲讲我们"汉家制度",让他们见识见识!

西汉元帝-刘奭
是啊爸爸,我还想听您再讲讲!

西汉宣帝-刘询
我们"汉家制度",是"霸王道杂之"。

62

二·治国安民显身手

秦汉帝王群(31)

秦王-子婴

西汉宣帝-刘询
"霸道"是指法家的办法，用刑法和权术统治人民；"王道"是指儒家的德、仁之政，从思想上教化人民。

秦二世-胡亥
这霸道不是我们家的吗？有什么了不起！

划重点

　　昭宣中兴指的是西汉昭帝和宣帝在位时期出现的政治稳定、经济发展的局面。包括召开盐铁会议，放弃酒榷政策，改归民营，废除关内铁官。实行假民公田，将国有土地分给无地贫民耕种。在全国各大城市广置常平仓，调控物价，促进经济发展。整顿吏治，

63

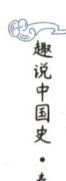

平理刑狱，缓和社会矛盾。召开石渠阁会议，统一儒家思想，加强思想统治。这些措施都使得昭宣时期的社会生产得到恢复和发展。

《汉书·元帝纪》中记载，汉宣帝刘询之子刘奭过于沉溺于空洞的儒家道德观念，他对当时刑法严苛的状况深感忧虑，主张减轻刑罚并重用儒生。对此，宣帝予以训诫，指出："汉家自有制度，本以霸王道杂之，奈何纯任德教，用周政乎？"宣帝治国，既注重霸道之威，又运用王道之仁。他在继承武帝、霍光施政传统的基础上，进一步发展了这一传统。自汉宣帝之后，这一制度便为后世所赞誉并遵循，历代统治者均在不同程度上吸取"汉家制度"的精髓，以加强其统治。

刘秀为自家制度骄傲的同时，也想求夸奖，于是疯狂刷存在感。

秦汉帝王群(31)

东汉光武帝-刘秀
你们聊得好热闹，别把我们东汉忘了。我们的"三独坐"也很优秀呀。

西汉昭帝-刘弗陵
怎么会呢，你才是真正的"秀儿"啊。

二 · 治国安民显身手

秦汉帝王群(31)

西汉武帝-刘彻
[给秀儿戴上]

东汉明帝-刘庄
爸爸,您这名字是怎么起的呀?

东汉光武帝-刘秀
我出生那年,有嘉禾生长,一茎生出九穗,你爷爷便给我起名为"秀"。

西汉高祖-刘邦
"退功臣而进文吏",这一操作也很优秀,很有我们刘家的大智慧!👍👍
🍼🍼🍼🍼

西汉高祖-刘邦
[呱唧呱唧]

秦汉帝王群(31)

秦二世-胡亥
功臣都退了,怎样"进文吏"?闻所未闻呀。

东汉光武帝-刘秀
这可难不倒我,我亲自完善了察举制,求得了许多勤于政务的好官吏。

秦二世-胡亥
所以说嘛,大秦亡国的最主要原因不在我,而是没有一套合适的官员选拔制度,无人可用……

秦始皇-嬴政
[逆子闭嘴]

西汉高祖-刘邦
@秦二世-胡亥 这话有一定道理,要不是我有"汉初三杰",鹿死谁手真未可知。

秦汉帝王群(31)

西汉文帝-刘恒
就算我即位的时候,曾经的贤才大多已去世了,我也能从各郡县中选拔孝廉。

西汉文帝-刘恒
@秦二世-胡亥 强者从不抱怨环境!

秦二世-胡亥
躺平平 摆烂烂

划重点

三独坐:这一称谓源于东汉时期,特指尚书令、御史中丞与司隶校尉这三位官员。在汉代朝会中,百官通常并列而坐,但到了东汉,光武帝刘秀为彰显对特定官员的恩宠,特意为尚书令、御史中丞和司隶校尉设置单独的席位,他们三人因此被时人称为

二 · 治国安民显身手

"三独坐"。其中，尚书令身为百官之首，负责统领各项政务，具有极高的地位和权力；御史中丞则主管监察事务，同时负责管理重要的图书文集，其职责重大，影响深远；而司隶校尉则专司京师百官犯罪案件的审理，并管辖附近各郡，其权力范围广泛，对维护社会秩序起到关键作用。

东汉建立后，刘秀为了收回中兴将帅的军权，采取了"退功臣而进文吏"的措施。主要内容是：予以功臣极高的政治地位和优厚的经济待遇，同时赐予功臣"奉朝请"的名号，让其居家静养，有事则奉朝廷的召请参与朝会，平时则不任官职。同时，光武帝多次征诏天下俊贤，召请文学名士充任吏职，并完善察举制。这一措施既保全了功臣，稳定了政局，又发展了文官制度，巩固了东汉统治。

汉初三杰是指西汉初年的张良、萧何、韩信，三人都是为西汉的建立做出重要贡献的开国功臣。

孝廉：汉武帝时采纳董仲舒的建议而设立的察举制考试，以此科目来选拔人才。孝廉是"孝顺亲长，廉能正直"的意思。除孝廉为察举取士的常设科目外，还有皇帝不定期设置的茂才、贤良方正、文学之选，以广泛搜集地主阶级优秀人才。这些被推举到中央的人才，一般都在郎署供职，先任郎官，再逐步升迁。

见到自家人被欺负，秦始皇出来反驳。

二 · 治国安民显身手

秦汉帝王群(31)

秦始皇-嬴政
都说我是暴君，但我大秦的丞相可不是高危职业哦。@ 西汉武帝 - 刘彻

西汉武帝-刘彻
这锅我不背，都是他们办事不力。

西汉高祖-刘邦
听我的。任子赀选，世袭为官。传承！

西汉文帝-刘恒
听我的。推举孝廉，教化百姓。儒雅！

西汉景帝-刘启
听我的。贤良文学，以经入仕。文艺！

西汉昭帝-刘弗陵
听我的。上书拜官，毛遂自荐。亲民！

西汉元帝-刘奭
听我的。征召贤良，自辟僚属。省心！

西汉武帝-刘彻
家人们，这些我都用过啊！

秦汉帝王群(31)

西汉武帝-刘彻
[搞错了 重来]

秦二世-胡亥
我看你不过是想要个傀儡丞相,独掌大权罢了!

秦二世-胡亥
[这双眼看透水了]

西汉武帝-刘彻
这个嘛……和爱情一样,适合自己的才是最好的!

西汉武帝-刘彻
[给你一个眼神自己体会]

划重点

汉武帝是汉朝历史上在位时间最长的君主,其统治长达五十四年,在位期间共有十三位丞相辅佐朝政。这些丞相们的命运各异,其中窦婴因罪被斩首,田蚡因惊恐过度而离世。李蔡、庄青翟、赵周等人因犯罪被囚入大牢,最终选择了自我了断。公孙贺亦在狱中逝世,而刘屈氂(máo)更是遭到了腰斩的残酷刑罚。此外,卫绾、许昌、薛泽等丞相因各种原因被免去了职务。只有几位丞相在相位上正常身故,他们分别是公孙弘、石庆和田千秋。

汉武帝统治时期,军功地主的地位已逐渐衰退,郎官的选拔方式更多地依赖于"任子"和"赀选"两种途径。所谓"任子",是指那些官秩达到二千石以上的官吏,在其任职满三年后,有权保举其子弟一人担任郎官、太子洗马或舍人等官职。而"赀选"则是一种基于财富和资产的选拔方式。在汉初,政府规定拥有资产十万钱(景帝时改为四万钱)以上且非从事商业活动的个体,可以通过向政府交纳一定数量的资财来换取郎官或一般官吏的职位。

贤良文学:汉代选任官吏的科目之一。此科始于汉文帝,武帝时举贤良注重文学。分贤良方正和文学两种,前者为能直言极谏者,后者为经学之士,由大臣、地方长官察举推荐,简称贤良或文学。这种官选为特进或特科,不同于孝廉、茂才等岁举或常科。

举贤良文学的目的在于尊儒术，提倡官员以经入仕。设置贤良文学，对于进一步广开仕途，促进文学艺术的发展具有一定作用。

上书拜官：汉朝选拔官员的一种独特机制，主要流行于汉武帝时期。这一机制允许那些对国事有独到见解的方正贤良和文学才俊之人，通过上书言事的方式自荐于朝廷。皇帝会亲自审阅这些上书，其中见解独到、言辞优秀者将直接被授予官职，如郎中、给事中等，以备皇帝咨询和顾问。在汉武帝时期，通过上书自荐进入官僚体系的人数众多，达到了千人的规模，其中代表人物有主父偃和东方朔等。到了宣帝时期，为了确保官员的素质和能力，对于通过上书荐官机制选拔的官员，一般会进行为期一年的试用期。在试用期间，若表现不佳或无法胜任官职，将被罢免并返回原籍。

征辟制：两汉时期的一种重要选官方式，包括皇帝征召与公府、州郡自行辟除两种形式。皇帝征召特指天子直接延请声誉卓著的贤能之人，以资咨询或委以重任；辟除则指丞相、太尉、刺史、郡守等高级官员根据其政务需要，自行选拔并任用僚属。征辟制没有固定举行日期，在东汉时期尤为频繁，且往往授予高位官职。在汉代选官体系中，征辟制占据主要地位，仅次于察举制。征辟制为皇帝和各级官员提供了必要的人才支撑，同时州郡官员在辟除属吏上的自主权也强化了地方独立性，造成了东汉末年的地方割据。

这一点，秦始皇倒是和刘彻意见一致，并以自己为例现身说法。

二 · 治国安民显身手

秦汉帝王群(31)

秦始皇-嬴政
[楼上说得对]

秦始皇-嬴政
我们商鞅采用的《法经》,治理秦国深得朕心。

西汉昭帝-刘弗陵
"天下苦秦久矣",我看您这儿,尽是爱情的苦呦!

西汉昭帝-刘弗陵
[我就笑笑不说话]

西汉武帝-刘彻
哈哈哈哈,吾儿好口才!

秦始皇-嬴政
欺负谁没儿子吗!吾儿何在?@ 秦二世 - 胡亥

73

秦汉帝王群(31)

秦二世-胡亥
爸爸,秦律确实好啊……

秦二世-胡亥
[有什么问题吗]

秦始皇-嬴政
哈哈,还是自家人亲切!你快详细说说,好在何处啊?😏

秦始皇-嬴政
[来吧 展示]

秦二世-胡亥
它好就好在……这严刑峻法的苦果都是我吃的,啊呜呜呜……

秦二世-胡亥
[宝宝心里苦]

二·治国安民显身手

秦汉帝王群(31)

秦始皇-嬴政
[扶墙吐血]

秦始皇-嬴政
说得很好,下次不要说了!

划重点

《法经》是由战国时期的魏国人李悝编纂而成的法律著作。在春秋战国这一社会动荡、法制变革的时代背景下,各国纷纷制定并颁布了一系列法律条文,以维护社会秩序和国家稳定。李悝在广泛考察和研究各国法律实践的基础上,进行了系统的总结与提炼,将这些法律条文精心编纂为《法经》。《法经》的内容丰富而全面,涵盖了当时社会生活的多个方面,其主要篇章包括"盗""贼"等六大类。《法经》的历史影响深远而广泛,不仅为战国时期的各国提供了法律上的指导,而且为后来秦国的商鞅变法提供了重要的法律基础。

秦律是秦代法律体系的总称,体现了秦代法制建设的成果。

在商鞅变法时期，秦国采纳了李悝编纂的《法经》作为法律基础，并在此之上进行了创新与改革，将原本的"法"正式更名为"律"，制定了涵盖盗、贼、囚、捕、杂、具等六篇刑律。秦始皇一统天下后，为巩固政权、加强统治，对原有秦国法律进行了全面的修订与补充，并颁行全国，实现了法令的统一。秦律的指导思想是"轻罪重罚、以刑去刑"，特点是细密严苛，通过严厉的法律制裁以达到预防犯罪、维护社会稳定的目的。秦律的颁行标志着封建法制的基本确立。

秦二世元年（公元前209年）七月，陈胜、吴广等九百余名劳役士兵被朝廷征调，前往遥远的渔阳地区执行戍守边疆的任务。在途经蕲县大泽乡（今安徽宿州）时，他们被突如其来的大雨所困，无法按时抵达目的地。根据秦朝的严酷法律，延误期限将面临斩首的惩罚。于是陈胜、吴广等人毅然选择领导戍卒在大泽乡发动起义。起义成功后，他们于陈县（今河南淮阳）建立了张楚政权，陈胜被众人拥戴为领袖，正式称王。他们高举"伐无道，诛暴秦"的旗帜，呼吁人民共同反抗残暴的秦朝统治。这一号召迅速得到了各地的积极响应，起义的火焰迅速蔓延开来。

尽管秦始皇已为天下奠定了政治制度的基本格局，但是时移世易，还需要具体问题具体分析。看来皇帝也不是那么好当的呀，酸甜苦辣，个中滋味，只有自己知道……

三
以食货为先

国家政事固然重要，吃饱穿暖也必不可少。最近天气阴晴不定，忽冷忽热，闲暇之余，汉朝的大家长刘邦在群里与孩子们嘘寒问暖。

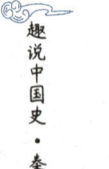

< 秦汉帝王群(31)　　　　　…

西汉高祖-刘邦
家人们,天冷了,出门记得多加衣物啊。

西汉惠帝-刘盈
谢谢爸爸关心,您也要注意身体啊。

西汉高祖-刘邦
谢谢好儿子!我的皇后锄禾耕种事农桑样样精通,这不,又给我做了两件暖和的新衣!

西汉惠帝-刘盈
[彩虹屁]

西汉惠帝-刘盈
相亲相爱一家人!

西汉高祖-刘邦
@ 西汉文帝-刘恒 儿子,你近期如何啊?

三 · 以食货为先

秦汉帝王群(31)

西汉文帝-刘恒
谢谢爸爸关心！我不喜新衣，前几年的旧衣服还能穿。

西汉景帝-刘启
我爸爸十分节俭，真是新三年旧三年，缝缝补补又三年呀！

西汉文帝-刘恒
[格局打开]

西汉武帝-刘彻
你们那时的气候还算温暖，我这个时代气候波动的幅度很大呀。

西汉武帝-刘彻
[宝宝心里苦]

东汉桓帝-刘志
到我们东汉，气候就更加恶劣了。

秦汉帝王群(31)

东汉灵帝-刘宏
是啊是啊,曾有数度严冬,即使在晚春时节,洛阳地区也遭遇了异常的霜雪天气,大量穷苦民众因严寒而丧生。我看了十分心痛啊!

秦二世-胡亥
你竟会关心民生?

东汉灵帝-刘宏
[有什么问题吗]

划重点

在刘邦还是泗水亭长时,吕雉在家亲自下地干活,做针黹,自食其力,养育儿女,孝顺父母。后来刘邦斩蛇起事,有一定的武装力量,此时的吕雉除了要独自支撑家庭外,还得时常为丈夫刘邦送御寒衣物及食品。

三 · 以食货为先

汉文帝生活十分简朴，在位二十三年，没有建宫殿，没有修园林，没有增添车舆仪仗。汉文帝还不穿布鞋，而是穿草鞋上殿办公，做了节俭的表率。北宋文学家吴坰在《五总志》中这样记载：汉文帝刘恒以"履不藉以视朝"。

汉武帝时代起属过渡期，气候波动幅度比较大；昭、宣二帝时气候比较稳定；元帝以后，气候急剧恶化；至王莽时低温、旱灾达到高峰；东汉时期正好处在地球气候变迁的第二个寒冷期，特别是东汉晚期，寒冷的气候状况更是达到了极致，其严峻酷烈的程度在历史记录中尤为突出。

关于民生问题，秦始皇有不同的看法。

秦汉帝王群(31)

秦始皇-嬴政
要我说呀，要想富，先修路！

秦二世-胡亥
彩虹屁

81

秦汉帝王群(31)

秦二世-胡亥
爸爸说得对！驰道修好了，转运粮饷才方便。

西汉高祖-刘邦
路确实好走了，秦富了吗？

秦二世-胡亥
这……

西汉文帝-刘恒
阿房宫"覆压三百余里，隔离天日"，怎么不算富呢？

秦始皇-嬴政
多损啊

划重点

驰道：秦始皇修建的驰道以咸阳为中心，主要有两条干线：

一条直达燕、齐，即今山东、河北等地，另一条通往吴、楚，即今长江中、下游地区。在各地驰道修建成之后，秦始皇曾数次通过驰道巡游各地。驰道的修建有利于快速调兵，对匈奴起到了威慑的效果，并对汉代北击匈奴，以及以后历朝防卫北方起到了极为重要的作用。

驰道的修筑耗费巨大，后人时常认为秦始皇为了修建长城，大肆征伐徭役，引得百姓不满。其实修建驰道花费的人力和物力，远超长城的修建。

阿房宫是秦帝国倾力打造的朝宫，被誉为"天下第一宫"，始建于秦始皇三十五年（公元前212年）。据考古学的深入研究，阿房宫实际上仅完成了前殿的地基建设，尚未全面竣工。这座宫殿原设计由两大建筑群组成：前殿建筑群与"上天台"建筑群共同勾勒出阿房宫的宏伟壮观。阿房宫以其非凡的规模和地位，与万里长城、秦始皇陵及秦直道齐名，并称"秦始皇的四大工程"。

提到钱，刘启提议让秦始皇发红包，其他人也跟着起哄。

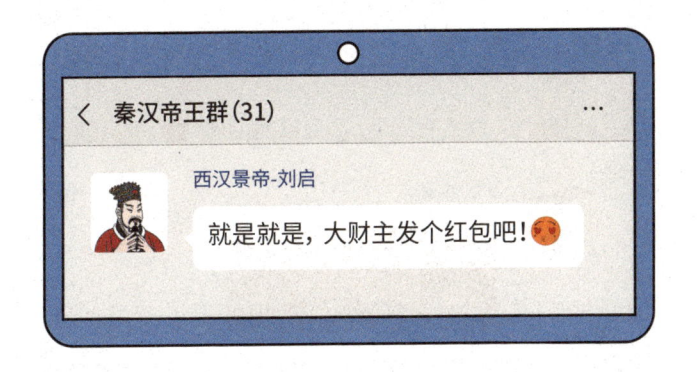

秦汉帝王群(31)

西汉景帝-刘启
就是就是，大财主发个红包吧！

秦汉帝王群(31)

西汉武帝-刘彻
坐等。

西汉昭帝-刘弗陵
对呀,不能给大秦丢面子呀。

秦二世-胡亥
楼上说得对

秦始皇-嬴政
@秦二世-胡亥 你这逆子!

秦始皇-嬴政
干啥啥不行 要钱第一名

秦始皇-嬴政
朕富有天下,区区红包而已!

秦始皇-嬴政
红包

三 · 以食货为先

秦汉帝王群(31)

秦始皇-嬴政的红包
红包

6个红包共100镒,5分钟被抢光

西汉惠帝-刘盈　　　56.35镒
18:09　　　　　　　👑 手气最佳

西汉景帝-刘启　　　1.08镒
18:10

西汉高祖-刘邦　　　6.66镒
18:10

西汉文帝-刘恒　　　13.37镒
18:13

秦二世-胡亥　　　　14.64镒
18:13

西汉宣帝-刘询　　　7.90镒
18:14

85

秦汉帝王群(31)

西汉惠帝-刘盈
谢谢老板！老板威武啊！

西汉高祖-刘邦
我这数字厉害啦！

西汉景帝-刘启
我这手气一般呀，今日不宜抢红包！

西汉景帝-刘启
[羡慕的眼神 表情包]

西汉文帝-刘恒
没关系的，儿子，咱国库里多的是钱！

西汉文帝-刘恒
[叉会儿腰 表情包]

三 · 以食货为先

秦汉帝王群(31)

东汉和帝-刘肇
刚忙着统计了一会儿没人要的公田，竟然与红包擦肩而过，错失一个亿啊！

东汉明帝-刘庄
怎么了？你也要"赋民公田"吗？

东汉和帝-刘肇
我心里也想啊爷爷，实际上做不到啊。

东汉和帝-刘肇
[宝宝心里苦]

东汉安帝-刘祜
是啊，我们的经济不比我爷爷那时期，所以多将公田租给贫民耕种，以求一举两得。

东汉章帝-刘炟
[啪唧啪唧]

87

> 秦汉帝王群(31)
>
> 东汉章帝-刘炟
> 也不失为妙计！👍👍

划重点

　　秦始皇在统一六国后，以秦国货币为基准，实现了全国货币的统一。具体举措包括：将货币分为两等，上等货币为黄金，其计量单位为镒，每镒相当于二十两黄金；下等为铜币，圆形，重半两，上有"半两"二字。新币制的实行和货币的统一，改变了以前货币混乱的局面，便利了各地商品交流，促进了商业的发展。

　　东汉初期，由于战争破坏和人口锐减，政府掌握着大片荒芜无主的公田。东汉朝除了将这些"公田"的一部分赐给功臣、贵族外，主要用于"赋民"或"假民"耕种。

　　在汉明帝与汉章帝统治时期，政府常采取赋民公田的政策。所谓"赋"，即赐予之意。农民一旦获得赋田，便拥有了土地，可以从事农耕，向政府交纳田赋。而到了汉和帝与汉安帝时期，政府则更多地采取假民公田的政策。所谓"假"，即租赁之意。假民公田，便是将国家的土地租予贫民进行耕作。这些接受假田的贫民，实际上转变为国家的佃农，需要向国家缴纳相应的租金。

> 东汉政府实行赋民公田和假民公田的目的，在于解决贫困农民无地耕种的问题，把大量流民安置在国有土地之上，增加大量自耕农和佃农人口，扩大政府的纳税人口基数，增加政府的财政收入，同时也稳定了社会秩序，有利于社会经济的恢复和发展。

田地的问题解决了，商贾的事情又扰得刘启头疼。

秦汉帝王群(31)

西汉景帝-刘启
最近这些商贾大户不太安分啊。

西汉景帝-刘启
[扶墙吐血]

西汉文帝-刘恒
重本抑末，重本抑末，重本抑末！重要的事情说三遍。

西汉景帝-刘启
不是您下令"开关梁，弛山泽之禁"的吗？

三·以食货为先

89

秦汉帝王群(31)

西汉文帝-刘恒
你这孩子，怎么走极端呢！

西汉文帝-刘恒
[离了个大谱]

西汉武帝-刘彻
爷爷，我明白您的意思，无论是惠商政策还是贵粟政策，都改善了农民和商人的生活。

西汉景帝-刘启
知道啦爸爸！农为天下之本……民所恃以生……您天天念叨。

西汉文帝-刘恒
还得是我的好孙儿，来，汇报一下你的政绩！

西汉武帝-刘彻
爷爷，我已经将盐、铁、酒等私营权收归中央啦，将抑商进行到底！

三 · 以食货为先

秦汉帝王群(31)

西汉文帝-刘恒
[呱唧呱唧]

西汉武帝-刘彻
爷爷，我还平准、均输了呢。

西汉文帝-刘恒
[给秀儿戴上]

—— 划 重 点 ——

在战国时期，李悝、商鞅与韩非等思想家认为农业是民众衣食之源与国家富强之基，遂将农业誉为"根本"，而将工商业定位为"枝末"。他们主张重视农业发展，必须抑制商业活动，并限制工商业的过度发展，从而确保农业劳动力的充足，并激发农民的生产热情。

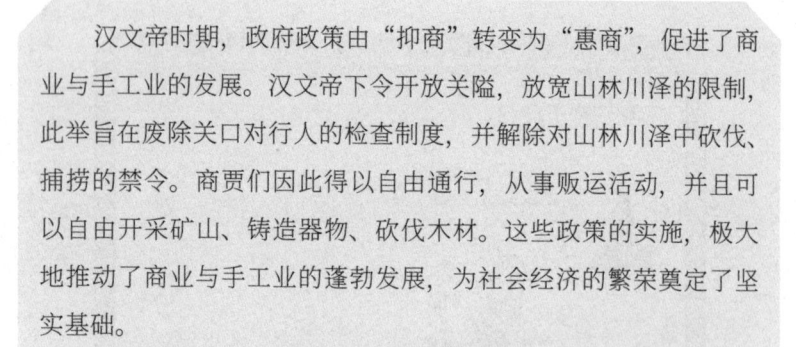

汉文帝时期，政府政策由"抑商"转变为"惠商"，促进了商业与手工业的发展。汉文帝下令开放关隘，放宽山林川泽的限制，此举旨在废除关口对行人的检查制度，并解除对山林川泽中砍伐、捕捞的禁令。商贾们因此得以自由通行，从事贩运活动，并且可以自由开采矿山、铸造器物、砍伐木材。这些政策的实施，极大地推动了商业与手工业的蓬勃发展，为社会经济的繁荣奠定了坚实基础。

贵粟政策是汉文帝时晁错提出的一项重要经济政策。随着农业生产的恢复和发展，粮食价格有所降低，于是商人趁机囤积粮食，侵蚀农民。针对这一现象，晁错上《论贵粟疏》，提出"使民以粟为赏罚"的原则。即人民可以用粟来向政府购买爵位，也可以通过粟来抵罪。商人要想获得爵位，就必须向农民购买粮食，这样粮食价格就会得到提高。

汉武帝统治时期，为了充实国库，增强国家经济实力，政府采取了一系列措施打击工商业者。其中最为重要的是推行盐铁官营政策，即由国家垄断盐铁的经营权。为确保盐铁官营的有效执行，政府还特地设立了专门的行政机构，负责具体管理和监督。

平准，即均平物价。国家在都城长安及其他各大城市设置调控物价的官吏，掌管市场物价，利用均输官所储藏的物资，根据市场物价，贵时出售，贱时收购，以起到平衡的作用。

均输制度，即国家层面的物资调剂与运输管理策略。在大司农这一财政主管的统辖下，朝廷特设均输官一职，负责在全国范围内征集货物。该制度的核心在于，将各地原应直接运往中央的物资，转至市场价格较高的地区进行销售，随后利用所得资金购买当地特产，通过辗转交易，在异地再次出售。最终，确保中央所需的物资得以顺利运回，以满足朝廷的需求。

一直悄悄"潜水"的秦始皇越听越不对劲，跳出来反驳他们，秦朝其余二人紧随其后，也出来支持他。

秦汉帝王群(31)

秦始皇-嬴政
你这不是变相的横征暴敛吗！

秦二世-胡亥
就是就是，怎么我们就是暴政，你们就算国库充盈了？

秦王-子婴
楼上说得对

秦二世-胡亥
这简直是国际双标啊！

秦始皇-嬴政
是可忍孰不可忍！孩子们，抄家伙！

三·以食货为先

秦汉帝王群(31)

秦王-子婴
您忘了,天下兵器都毁了,这十二金人您用吗?

秦始皇-嬴政
💣💣💣

秦王-子婴
[不知所措]

秦始皇-嬴政
[一整个大无语]

秦二世-胡亥
这是最新进贡的铁锄头,您拿着趁手!😊

秦始皇-嬴政
你这逆子!你怎么不上?😡

秦汉帝王群(31)

秦二世-胡亥
这能彰显您的尊贵啊！其他人还在用石斧和木锄呢。

西汉武帝-刘彻
用铁锄头就尊贵了？那不是人手一把的吗？

西汉昭帝-刘弗陵
+1

西汉宣帝-刘询
+1

西汉元帝-刘奭
+1

西汉海昏侯-刘贺
铁锄头？铁器都普及了，我墓里还放了一堵铁编磬呢。

西汉元帝-刘奭
铁锄头？我们已经用上黑心可锻铸铁了。

三 · 以食货为先

秦汉帝王群(31)

东汉和帝-刘肇
铁锄头?我们已经有"百炼钢"技术了。

西汉高祖-刘邦
哈哈哈,孩子们可真是太棒啦!

秦二世-胡亥
那个……赵高私聊我,我还有事……

秦二世-胡亥
[光速消失]

秦王-子婴
那个……项羽私聊我,我还有事……

秦王-子婴
[光速消失]

划重点

秦始皇二十六年（公元前221年），秦始皇统一全国后，为防止六国旧贵族复辟和各地人民制造兵器造反，尽收天下之兵器和其他金属器物，铸成十二金人。《史记·秦始皇本纪》记载："收天下兵，聚之咸阳，销以为钟鐻金人十二，重各千石，置廷宫中。"

2015年，经过历时五年的发掘，南昌的西汉海昏侯墓出土万件文物。其中有一堵铁编磬，以前出土的更常见的是石编磬，这在全国是首例。

西汉时期的冶铁技术有很大提高。当时的工人们已发明了淬火技术，也就是在锻造刀剑时，把刀剑烧红，浸入水中，以增强硬度。尤其突出的是，西汉铁器已出现彻底柔化处理的黑心可锻铸铁。

东汉时期，人们发明了铸铁脱碳成钢技术和百炼钢技术。百炼钢技术，即将炒钢反复锻打，每加热锻打一次称为"炼"，以炼成含碳量高、含杂质少而组织均匀的优质钢。东汉炼钢技艺的巅峰之作即为"百炼钢"，其卓越品质彰显了当时炼钢技术的最高水准。随着冶铁效率的提升和铸造技术的精进，铁器的普及程度亦得以显著增强。

自己人都跑了，孤立无援的秦始皇非常无奈。

秦汉帝王群(31)

秦始皇-嬴政
你们就仗着人多,都来欺负我,呜呜呜呜……

秦始皇-嬴政
[宝宝心里苦 表情]

秦二世-胡亥
就是就是!

秦王-子婴
哼,如果你们不是皇室,缴纳算赋和口赋就够你们喝一壶的了!

秦王-子婴
[这双眼看透水的了 表情]

秦二世-胡亥
就是就是!

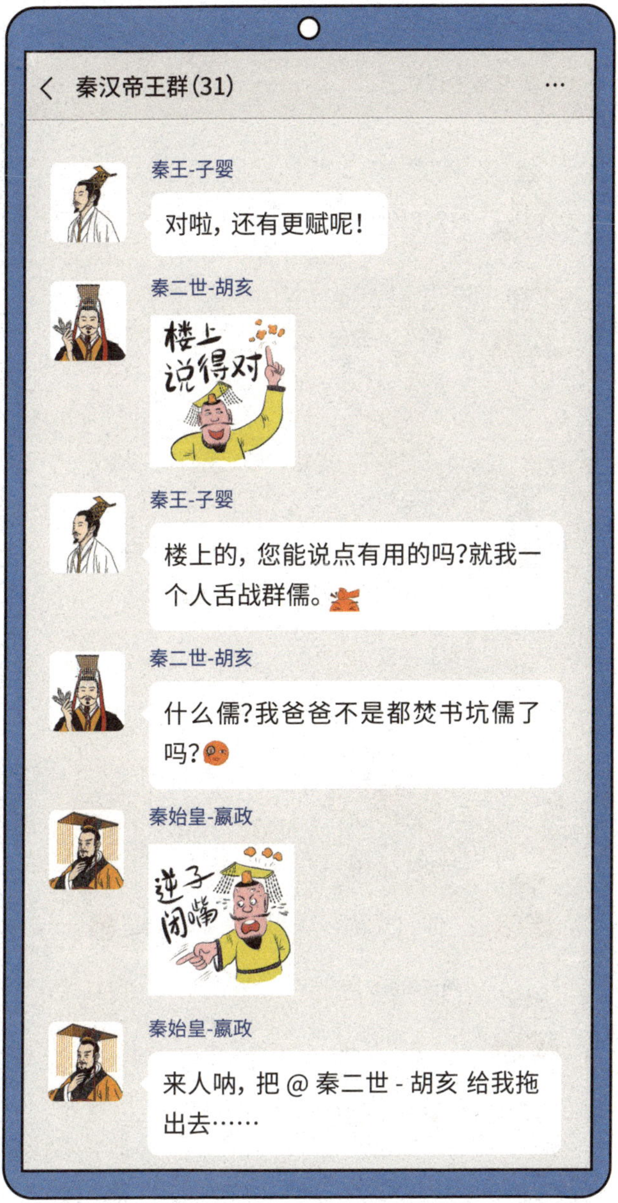

三 · 以食货为先

秦汉帝王群(31)

秦王-子婴
对啦,还有更赋呢!

秦二世-胡亥
[表情:楼上说得对]

秦王-子婴
楼上的,您能说点有用的吗?就我一个人舌战群儒。

秦二世-胡亥
什么儒?我爸爸不是都焚书坑儒了吗?

秦始皇-嬴政
[表情:逆子闭嘴]

秦始皇-嬴政
来人呐,把 @秦二世-胡亥 给我拖出去……

秦汉帝王群(31)

秦二世-胡亥
别别别,您别往我身上撒气啊。

秦始皇-嬴政
[你们在教我做事]

秦二世-胡亥
要我说啊,他们皇室也一样!分封同姓王惹出了多少麻烦。

秦王-子婴
[吃瓜]

西汉高祖-刘邦
你们就是吃不到葡萄说葡萄酸!

西汉高祖-刘邦
[这双眼看透水货了]

划重点

汉代的算赋与口赋源于秦代的口赋制度，是分别对成年人和儿童进行征收的。具体而言，算赋，即丁税，每位成年人每年需缴纳一百二十钱（一算），作为国家的财政来源之一。而口赋则针对儿童征收，每位儿童每年需缴纳二十钱。这两项税收的征收工作通常在每年的八月份进行。首先，地方官吏会进行户口的登记与核实，详细记录每户的人口数量及年龄，编制成户口簿作为税收征收的依据。随后，根据户口簿上的记录，官吏会依法征收相应的算赋与口赋。

更赋，即代役税，是西汉时期一种独特的税收形式。根据西汉的律令，男子在二十三岁至五十六岁之间需承担兵役义务，主要是正式服兵役两年。除此之外，他们还需在本郡内每年服役一个月，这一制度称为"更卒"或"卒更"。若因故不能亲自服役，可选择每月缴纳二千钱以替代服役，被称作"践更"。每人每年还需额外承担戍边三天的义务，以巩固边防。若选择不出征，则须缴纳三百钱，此即为"过更"。

公元前213年，博士淳于越对郡县制表示质疑，而丞相李斯则对此进行了坚决的反驳，并进一步建议秦始皇实施焚书政策。根据李斯的建议，除了《秦纪》、博士所藏的特定书籍，以及涉及医药、卜筮、种树等实用知识的书籍外，所有私人收藏的书籍均需在限期内上缴官府，并进行销毁处理。对于逾期未交者，将依法严惩。同时，李斯还提出，凡公开讨论《诗经》《尚书》等儒家经典者，将处以极刑；而任何以古代制度非议现行政策者，更是将遭受灭族的严厉惩罚。

"坑儒"事件发生在公元前212年。当时，方士卢生、侯生因求取仙药无果，转而诽谤秦始皇，随后逃跑。秦始皇震怒，决定对方士集团进行严厉打击。他命令方士之间互相检举揭发，并授权御史对此事进行深入调查。御史们经过详细的审讯，查实了部分儒生与此事有关的罪状，秦始皇下令将这些涉案的儒生全部活埋在咸阳。

没想到，秦汉皇帝们不仅治国有方，还个个都是经济学家，真是深藏不露啊！他们究竟还有多少惊喜是旁人不知道的呢……

四
生命在于折腾

上次聊天结束得十分不愉快,秦始皇先是被汉朝势力打压,又被胡亥气了个半死。他表示累了,打算平心静气地聊聊天。

秦汉帝王群(31)

秦始皇-嬴政
罢了罢了,争了一辈子,不吵了。

秦始皇-嬴政
[敲木鱼表情]

秦二世-胡亥
对呀爸爸,俗话说得好呀,万里长城今犹在,不见当年……

秦始皇-嬴政
[逆子闭嘴表情]

秦始皇-嬴政
大丈夫能屈能伸,不如请教一下各位如何当个好皇帝。现在流行穿越,万一我还有机会……

秦二世-胡亥
对对对,我就一直有一个疑问:同样都是郡县制,为什么刘邦就能搞得有声有色,我爸一搞就亡国了?

秦汉帝王群(31)

秦始皇-嬴政
逆子搞清楚！是被你搞得亡国了！

秦王-子婴
始皇帝英明神武！您在位时分天下为三十六郡，直属中央，层级分明，定期上计，当真是井然有序！

秦王-子婴
[彩虹屁]

秦始皇-嬴政
[表情]

秦始皇-嬴政
胡亥这臭小子在位时对功臣宿将和宗室贵族肆意杀戮。我看你不应该叫胡亥，应该叫胡闹！

秦始皇-嬴政
[一整个大无语]

四·生命在于折腾

105

划重点

秦二世为了独享秦始皇留下的江山社稷这份巨大的遗产,对功臣宿将和宗室贵族肆意杀戮。对秦始皇的旧臣,凡忠贞敢谏者,重者处死,轻者放逐;而阿谀逢迎之徒,却得到提拔重用。这样一来,统治阶级内部也离心离德,各怀异志,很快陷于分崩离析的局面。

汉朝在西部中央直接管辖地区实行郡县制,在东部地区,刘邦分封了同姓子侄为王,即同姓王。诸侯王在封国内拥有政治、经济、军事、司法等大权,逐渐形成地方割据势力,势力强大,严重影响中央集权。

刘邦看不下去了,也是心疼秦始皇一秒钟。

秦汉帝王群(31)

西汉高祖-刘邦
> 汉承秦制确实没错,但是我们也稍加修改了一下。

秦始皇-嬴政
> 此话怎讲

秦汉帝王群(31)

西汉高祖-刘邦
除了胡亥的原因之外,怎么能不分封同姓宗室呢?还是自家的兄弟可靠啊。

西汉景帝-刘启
您说的不会是郡国并行制吧。

西汉高祖-刘邦
正是!你那个七国之乱,要怪就怪晁错的《削藩策》。

西汉景帝-刘启
我哪敢说话呀

西汉文帝-刘恒
但是,贾谊的《治安策》还是不错的。

西汉景帝-刘启
"治安"二字,说起来容易做起来难呀!

四 · 生命在于折腾

趣说中国史 · 秦汉篇

秦汉帝王群(31)

西汉武帝-刘彻
治理百姓使之安定,这是我们大家共同的愿望吧。🙏🙏🙏

秦二世-胡亥
[楼上说得对 表情包]

西汉武帝-刘彻
除了你……

秦始皇-嬴政
怎么大家突然忧郁起来了?

西汉高祖-刘邦
振作起来,我给大家唱支歌!

西汉高祖-刘邦
🔊 15"

大风起兮云飞扬,威加海内兮归故乡,安得猛士兮守四方!

划重点

汉朝建立之初，刘邦在反思秦朝速亡的教训时，指出秦朝未能有效分封同姓宗室为诸侯，是国祚短暂的关键原因。因此，西汉初期推行了郡国并行制，即地方行政体系中郡县制与封国制并行不悖。这一制度的实施也带来了深远的影响，诸侯王在封地内享有广泛的政治、经济、军事和司法等权力，导致了地方割据势力的逐渐形成。随着时间的推移，这些割据势力对中央集权构成了严重威胁，削弱了朝廷的统治力，并对社会秩序的稳定造成了不利影响，成为汉朝政权稳固的潜在隐患。

景帝采纳了晁错的《削藩策》，削弱诸侯王势力，引发七国之乱，不久即平定。景帝严厉处置，收回诸侯王的政治、军事大权。武帝采纳主父偃的建议，实行推恩令，并颁布《左官律》和《附益法》，极大地削弱了诸侯王势力。《汉书》记载，此后各诸侯王只得衣食税租，不视政事。

贾谊上《治安策》，提出"众建诸侯而少其力"的建议，意在将庞大的诸侯国分割为数个较小的国家，进而减少诸侯王的权势。汉文帝采纳了此建议，将齐国划分为六个部分，淮南国则分割为三个部分。同时，《治安策》中还提到，要对匈奴严加防范，以及抑制地方豪强势力。

刘邦唱的是《大风歌》，全诗虽仅三句，却饱含深情与壮志。当年，刘邦平定黥布叛乱而归，途经沛县时，召集了往日的故友一同饮酒欢聚。在酒意正浓之际，刘邦亲自击筑，高声吟唱了这首

四·生命在于折腾

109

《大风歌》。

谈论政事时,桓、灵二帝不感兴趣,也插不上话。刘邦一唱歌,二位皇帝的心就躁动起来。

秦汉帝王群(31)

东汉桓帝-刘志
提到音乐,我可不困了。

东汉灵帝-刘宏
我也来为大家唱一首!

东汉灵帝-刘宏
·)) 20"

凉风起兮日照渠。青荷书偃叶夜舒。惟日不足乐有馀。清丝流管歌玉凫。千年万岁嘉难逾。

东汉冲帝-刘炳
呱唧呱唧

四 · 生命在于折腾

秦汉帝王群(31)

东汉桓帝-刘志
来人呐，取我笙箫，我要伴奏一曲！🎶🎶🎶

东汉光武帝-刘秀
[棺材板压不住了]

西汉高祖-刘邦
你们两个，能不能少搞点艺术，多琢磨技术！

东汉光武帝-刘秀
看看我们的白渠，这才是真正的惠民工程。

东汉灵帝-刘宏
与民同乐我也有啊，哪天给你们直播看看我的宫中市场，好不热闹！

西汉平帝-刘衎
你那市场里的货物都是搜刮来的珍奇异宝，都快被嫔妃宫女们偷光了吧？

111

> 秦汉帝王群(31)
>
> 东汉灵帝-刘宏
> 简直不敢相信
>
> 东汉灵帝-刘宏
> 不过这都不是事儿，接着奏乐，接着舞！

划重点

汉桓帝刘志爱好音乐，善于弹琴，吹奏笙箫。汉灵帝刘宏唱的是他写的《招商歌》，收录于《汉诗》。汉灵帝喜欢辞赋，自己创作了《皇羲篇》，共五十章。后来他怜悯皇子刘协幼年就没有母亲，又追思王美人（王荣），创作了《追德赋》《令仪颂》。

白渠是西汉时期关中平原上的一条重要人工灌溉渠道，建于汉武帝太始二年（公元前95年）。此渠由赵中大夫白公建议开凿，因此得名白渠。它自谷口起始，穿越农田，最终汇入栎阳附近的渭河，全长约二百里。白渠的建成，不仅将灌溉面积扩展至四千五百多顷，而且显著改善了当地土壤的肥力条件，有力地推动了农业生产的发展，进而提高了人民的生活水平。

汉灵帝刘宏在后宫中精心布置了一个仿真的市井环境，其中包括了街市、市场、各类商铺与摊贩。他命令一部分嫔妃和宫女乔装打扮成商贩进行叫卖，另一部分则扮演成顾客进行购物。此外，还有宫女被安排成街头艺人，如卖唱者、耍猴人等，以增添市井的生动气息。刘宏本人也换上商人的服饰，亲自参与到这个模拟的市井生活中。他时而穿梭于各商铺之间，与"店主"和"顾客"讨价还价，时而又沉醉在酒肆的觥筹交错中。他还喜欢模仿市井中人们的各种日常活动，包括"店主"和"顾客"之间的争执、打闹，甚至模拟斗殴的场景。

见汉朝的皇帝如此放纵，秦始皇也想批评几句。

秦汉帝王群(31)

秦始皇-嬴政
我看呐，还是我让你们吃得太饱了！

西汉高祖-刘邦
怎么，您在籍田礼上亲耕了十亩地？

秦始皇-嬴政
离了个大谱

四·生命在于折腾

113

秦汉帝王群(31)

秦始皇-嬴政
我堂堂始皇帝,只负责大事!

西汉高祖-刘邦
[来吧展示]

秦始皇-嬴政
咳咳,"使黔首自实田"听说过吗?

西汉高祖-刘邦
这个我不否认,您确实使封建土地私有制在全国范围内正式得到了确认。👍👍

西汉惠帝-刘盈
平民有了自己的土地,确实干得更起劲了。

东汉桓帝-刘志
只埋头苦干有何用?还不是要交税。

秦汉帝王群(31)

东汉灵帝-刘宏
就是,粮价降低,还不是为他人做嫁衣裳?

西汉高祖-刘邦
[逆子闭嘴]

西汉文帝-刘恒
这时候就体现出"入粟拜爵"的大智慧了。

西汉高祖-刘邦
展开说说,让刚刚楼上的逆子膜拜一下!

西汉文帝-刘恒
当时,我们准许商人纳粟运往边塞以防御匈奴,待边境粮食充足后,再令入粟者将粮食运到各郡县。朝廷按商人输粟的数量授予爵位或免除一定的罪行。

> ## 划重点

籍田礼在西汉初期得以复兴，汉文帝时恢复了皇帝籍田的传统仪式，以强调农业作为国家基石的重要性。在这一仪式中，皇帝亲自参与劳作，通过耕种农田，还可以为祭祀宗庙提供谷物。每年春季，皇帝都会依照儒生们所推崇的古代礼仪，象征性地推动犁三次，以彰显对农业的重视与支持。

使黔首自实田：秦朝整顿田制的法令，黔首是秦朝对平民的称谓。秦始皇三十一年（公元前216年），法令规定土地私有者应如实向朝廷呈报占有的土地数额，以便朝廷征收租税。朝廷对其土地所有权予以承认，并加以保护。"使黔首自实田"意味着封建土地私有制在全国范围内正式得到确认，有助于促进地主经济发展。

刘邦见刘恒治理国家颇有心得，甚觉宽慰。

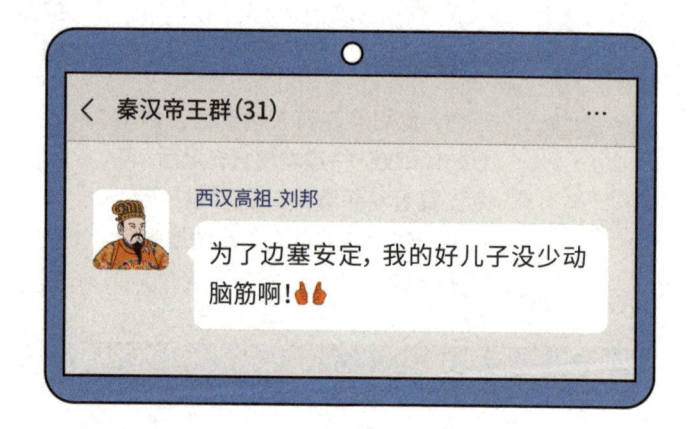

< 秦汉帝王群(31)　　　　　…

西汉高祖-刘邦
为了边塞安定，我的好儿子没少动脑筋啊！👍👍

四 · 生命在于折腾

秦汉帝王群(31)

西汉元帝-刘奭
是啊，听说为了增强骑兵力量，还专门颁布了《马复令》。

西汉文帝-刘恒
我们的小妙计多着呢！

东汉灵帝-刘宏
这么多锦囊妙计，怎么想出来的呀？

东汉少帝-刘辩
[羡慕的眼神]

西汉昭帝-刘弗陵
我们呐，经常开开会，聚聚餐，搞一搞团建。

西汉宣帝-刘询
比如那次盐铁会议召集了郡国所举"贤良""文学"60余人到京城呢。

117

秦汉帝王群(31)

东汉灵帝-刘宏
舟车劳顿啊,大家都辛苦。

西汉宣帝-刘询

霍光预定的会议

会议时间:公元前81年2月—公元前81年7月

会议号:678 999

大汉王朝会议

西汉成帝-刘骜
线上会议,足不出户!

东汉灵帝-刘宏
[光速消失]

划重点

汉初军马缺乏,在与匈奴骑兵作战中处于劣势。为鼓励民间养马,增强骑兵力量,晁错向汉文帝提出《马复令》。其具体内容

是：民间养马一匹，可以免三人的徭役。文景时大力推行《马复令》；武帝末年由于连年战争导致战马锐减，又一度恢复了《马复令》。《马复令》激发了民间养马的热情，为汉武帝组建骑兵军团和反击匈奴做出了重要贡献。

盐铁会议：西汉政府召集的一次讨论施政方针的会议。"贤良""文学"主张废除盐铁官营、榷酒和均输平准制度，对匈奴和亲休战，推行儒家的德治和仁义学说，反对严刑峻法。桑弘羊代表政府与之辩论。会后废除酒类专营和关内铁官。宣帝时，桓宽将双方争论之语整理成《盐铁论》。

大家伙儿正高兴着，一条公众号推文打破了欢乐的气氛。

秦汉帝王群(31)

西汉高祖-刘邦

惊！汉武帝与他竟是这种关系！

解密汉武帝与商贾的爱恨情仇

秦汉情报站

秦始皇-嬴政

秦汉帝王群(31)

秦二世-胡亥

[暗中观察]

西汉惠帝-刘盈
@ 西汉武帝 - 刘彻🌶

西汉武帝-刘彻
这是标题党！我一生光明磊落，坦坦荡荡……

西汉武帝-刘彻
[多损啊]

西汉昭帝-刘弗陵
爸爸，卜式是谁呀？😊

西汉武帝-刘彻
卜式是能人，他先后升任齐相，赐爵关内侯，御史大夫。👊

四 · 生命在于折腾

秦汉帝王群(31)

西汉文帝-刘恒
听说他以前只是个放羊人啊。

西汉景帝-刘启
没有出身?没有门第?没有背景?

秦始皇-嬴政
啧啧啧,此事颇为蹊跷。

秦王-子婴
同意楼上的。

西汉平帝-刘衎
[表情:我就笑笑不说话]

秦二世-胡亥
精彩!这公众号我也关注一下!

西汉武帝-刘彻
你们懂什么,卜式在边境打仗时出钱,在西河灾荒时捐粮,后来又报名从军,而且不求功名利禄,真是一心为国啊!

秦汉帝王群(31)

西汉高祖-刘邦
这样的大好人,竟也会因直言遭贬。

西汉高祖-刘邦
[扶墙吐血表情]

秦始皇-嬴政
如果不是因为像我一样的暴脾气,那定有隐情!

秦始皇-嬴政
[我就笑笑不说话表情]

西汉高祖-刘邦
你倒是很能共情。

西汉景帝-刘启
儿子不会是为了推行算缗告缗找了个托儿吧。

四 · 生命在于折腾

> **秦汉帝王群(31)**
>
> 西汉武帝-刘彻
> 局势复杂，一言难尽啊……
>
> 西汉武帝-刘彻
> [不知所措]

划重点

卜式：西汉时期的大臣，最初以耕种畜牧为生，产业规模逐渐发展扩大，家资颇丰。为报效国家，卜式出资助力汉武帝征伐匈奴，后又出钱资助迁徙边境的贫困百姓。汉武帝为其赐爵左庶长、关内侯，卜式先后担任过齐国相和御史大夫的官职。

算缗告缗：汉武帝时为打击商人势力和高利贷者的经济实力而向其征收的财产税。缗、算是汉代货币和征税的基本单位，一缗为一千钱，一算为一百二十钱。《算缗令》规定，商人向政府自报其财产数量，每两千钱纳税一百二十钱（一算），手工业者每四千钱纳税一百二十钱，同时还要对车船进行征税。

《算缗令》一经颁布，众多商人为了逃避税收，纷纷选择隐瞒自己的财产。鉴于此，汉武帝又推出了《告缗令》，旨在鼓励民众举报算缗虚假的商人。一旦举报被证实，被举报商人的所有家产将被国家没收，其中半数奖励给举报者。此外，被举报商人还要前往边疆戍守一年作为处罚。

不聊不知道，一聊吓一跳！原来治理国家还有如此之多的小妙招和小心机。可见皇帝们为国为民，真是日夜操劳，不求有功，但求无过呀……

五
龙城飞将正当年

家事国事天下事，事事关心。高祖爷每日的日程中，总有一项是必不可少的——查阅热搜榜。据报，匈奴边境又有异动，似乎正在暗中集结兵力，意图不明。高祖爷深知匈奴一直是中原的心头大患，他立刻召来刘秀，打算问个明白。

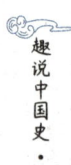

秦汉帝王群(31)

西汉高祖-刘邦
乖孙儿,听说最近匈奴不老实呀。@ 东汉光武帝 - 刘秀

东汉光武帝-刘秀
是呀,他们控制了我们的西域和东北的乌桓、鲜卑等民族。

东汉光武帝-刘秀
[宝宝心里苦]

东汉明帝-刘庄
是啊是啊,还经常入侵内地,侵扰掠夺!

秦始皇-嬴政
这还能忍?

东汉光武帝-刘秀
可惜我们现在国力不强,只能防御了。

五 · 龙城飞将正当年

秦汉帝王群(31)

东汉章帝-刘炟
我们还专门设置了"使匈奴中郎将"的官职进行监护,那个牧羊的苏武就是其中之一。

西汉高祖-刘邦
怎么个监护法?

西汉高祖-刘邦
[来吧 展示]

东汉光武帝-刘秀
这……

秦二世-胡亥
咳!不就是每年供给南匈奴一定数量的粮食、牛马、布帛嘛!说得还怪好听的嘞!

秦始皇-嬴政
[原来如此]

127

> 秦汉帝王群(31)
>
> **东汉光武帝-刘秀**
> 不要乱讲！我们那是威抚并用！

划重点

苏武牧羊发生在西汉时期。汉武帝刘彻为巩固与匈奴的外交关系，派遣苏武等使臣出使西域，期望与匈奴单于达成修好协议。然而，汉朝内部将领緱侯王反叛，匈奴单于大怒，遂将苏武等使臣扣押，并企图以高官厚禄诱其归降。在匈奴单于的威逼利诱之下，苏武坚守汉家气节，拒不投降，展现了非凡的忠诚与坚韧。因此，他被匈奴单于贬为奴隶，在广袤无垠的草原上牧羊为生。苏武在异国他乡孤独无援，却始终保持对汉朝的忠诚和对自由的渴望。经过长达十九年的艰苦岁月，苏武终于重返汉朝。

汉武帝时期，汉朝开始派遣中郎将作为使者出使匈奴，以加强双方的外交联系。在这一时期，以中郎将身份出使匈奴的惯例尚未稳固确立。随着时间的推移，至西汉后期，派遣中郎将作为使者出使匈奴的做法逐渐固定化，史籍中频繁出现"匈奴中郎将"的称谓。进入东汉时期，汉朝继续沿用了这一外交制度，并进一步将其制度化、规范化，正式设置了"使匈奴中郎将"这一官职，明确了其职责和地位。

提到匈奴，即便是刘邦也无计可施。

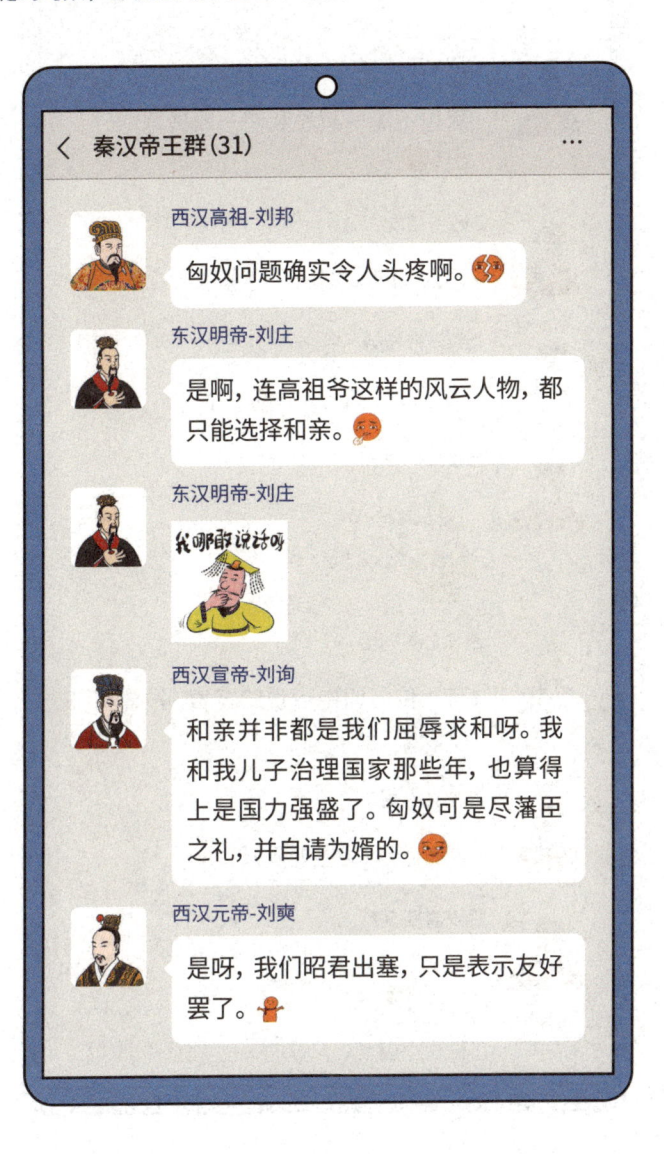

秦汉帝王群(31)

西汉高祖-刘邦
匈奴问题确实令人头疼啊。

东汉明帝-刘庄
是啊，连高祖爷这样的风云人物，都只能选择和亲。

东汉明帝-刘庄
我哪敢说话呀

西汉宣帝-刘询
和亲并非都是我们屈辱求和呀。我和我儿子治理国家那些年，也算得上是国力强盛了。匈奴可是尽藩臣之礼，并自请为婿的。

西汉元帝-刘奭
是呀，我们昭君出塞，只是表示友好罢了。

秦汉帝王群(31)

西汉文帝-刘恒
那也不能一直是我们一厢情愿地付出!

西汉高祖-刘邦
怎么?和亲之策出现了意外?

西汉景帝-刘启
是呀,"翻车了"。

西汉高祖-刘邦
[此话怎讲]

西汉文帝-刘恒
有一位名叫中行说的宦官,投靠匈奴去了!

西汉高祖-刘邦
岂有此理!这岂非汉奸!

西汉高祖-刘邦
[棺材板压不住了]

划重点

和亲：也称"和戎"或"和番"，指的是中原王朝的公主或宗室女子嫁给少数民族的首领或外国君主的一种政治联姻行为。西汉前期主要将汉朝公主或其他宗室女嫁给匈奴单于，以求取和平。直到汉武帝时通过三次汉匈战争，匈奴北遁西迁，才结束了和亲。东汉时和亲的对象是选用宫女或其他身份较低的人，和亲的形式和目的也更多偏向于汉族同其他少数民族之间的通婚，而没有了被迫进贡的含义，且加强了不同民族间的交流交往。

中行说（zhōng háng yuè）：原为西汉文帝时宦者。匈奴老上单于刚刚继位，汉文帝又派遣皇族女去做单于的阏氏，让中行说去当和亲翁主的附属品。中行说不愿前去，但被汉朝朝廷强迫，因此对汉朝心怀怨恨，转而投靠匈奴，后成为单于的重要谋臣。

王昭君：原名王嫱（qiáng），字昭君，最初为汉朝的宫女。公元前52年，南匈奴单于呼韩邪在与其兄北匈奴单于郅支的交战中失利，于是投降汉朝，称臣纳贡。他曾经三次进入汉朝首都长安进觐天子，并向汉元帝自请为婿。汉元帝闻讯，从宫女中挑选合适的人选赐予他。昭君被选中后，远赴匈奴，被封为"宁胡阏氏"，这一封号寓意着她将为匈奴带去和平、安宁与繁荣。昭君出塞，不仅是一段历史的见证，更是和平与友好的象征。

俗话说得好，千军易得，良将难求。

秦汉帝王群(31)

西汉高祖-刘邦
唉！我堂堂大汉，竟无一人可以抵御匈奴吗？

西汉高祖-刘邦
[离了个大谱]

西汉武帝-刘彻
我有妙计！不如我们在匈奴南下的必经之路设伏……

秦始皇-嬴政
我听着怎么像马邑之围呢？

秦二世-胡亥
就是就是，马邑之围不是失败了吗？

西汉武帝-刘彻
[搞错了 重来]

五·龙城飞将正当年

秦汉帝王群(31)

西汉武帝-刘彻
> 我姐姐最美!
> 个人名片

秦王-子婴
> 这位是?

西汉昭帝-刘弗陵
> 难道是大将军卫青?

西汉武帝-刘彻
> [又会儿腰]

西汉宣帝-刘询
> 还是武帝厉害呀,治国平天下一把好手!

西汉武帝-刘彻
> 哪里哪里,都是爸爸和爷爷为我铺垫得好。

西汉文帝-刘恒
> 都是乖孙儿努力的结果!👍👍

> **秦汉帝王群(31)**
>
> **西汉景帝-刘启**
> 都是儿子有勇有谋!👍👍
>
> **西汉高祖-刘邦**
> 好了好了,都不要谦虚了,先把这位大将军请进来!

划重点

马邑之围:也被称为马邑之战或马邑之谋,是汉武帝初年(公元前133年)一场企图引诱匈奴深入汉地,进而将其一举消灭的战争谋划。但当匈奴军队进军至距离马邑百余里处时,发现牲畜遍野而无人放牧,从而产生疑心撤退,马邑之围以失败告终。这场战争后,匈奴断绝了与汉朝的和亲关系,但关市贸易尚未完全断绝。

卫青:中国西汉时期的著名军事将领,汉武帝皇后卫子夫的亲弟弟。他战功卓著,地位尊崇,但不以权势树党,不干预朝政。他勤恤士卒,颇得人心。他一生七次出击匈奴,收取河南地,为汉朝在汉匈战争中所取得的胜利做出了巨大的贡献。

卫子夫:汉武帝第二任皇后,原本是刘彻的姐姐平阳公主府上的一名歌姬，后被武帝临幸，进入宫中。元朔元年（公元前128年），卫子夫生刘据，被立为皇后。征和二年（公元前91年）巫蛊之祸爆发，太子刘据起兵发动政变，诛杀江充，后来兵败自杀。卫子夫无法证明自己的清白，武帝下令收回她的玺绶，她被迫自杀。

五·龙城飞将正当年

秦汉帝王群(32)

"西汉武帝-刘彻"邀请"长平侯-卫青"加入了群聊

长平侯-卫青
来啦来啦

长平侯-卫青
各位领导好！

西汉武帝-刘彻
大司马大将军。👍👍

西汉高祖-刘邦
来吧展示

135

秦汉帝王群(33)

长平侯-卫青
不敢当,不敢当,我不过就是直捣龙城、收复河套、击败单于罢了,不值一提!

西汉惠帝-刘盈
卫将军才是"凡尔赛"鼻祖吧。

长平侯-卫青
江山代有才人出,我的外甥霍去病也是爱国英雄呢。

西汉高祖-刘邦
快请进来!

"长平侯-卫青"邀请"冠军侯-霍去病"加入了群聊

冠军侯-霍去病
大家好!

西汉高祖-刘邦
爱国英雄来了!

五 · 龙城飞将正当年

秦汉帝王群(33)

东汉质帝-刘缵

冠军侯-霍去病
不敢当,不敢当。

西汉武帝-刘彻
霍将军过谦了!

西汉宣帝-刘询
是啊,年纪轻轻就能收复河西、功封冠军侯、封狼居胥,换了别人,可是想都不敢想的呀。

西汉元帝-刘奭
霍将军乃真英雄!

长平侯-卫青
想当年龙城之战,李广将军也立下了赫赫战功呢。

冠军侯-霍去病
🍶🍶🍶🍶

> 秦汉帝王群(33)
>
> **冠军侯-霍去病**
> 楼上说得对
>
> **西汉高祖-刘邦**
> 都请进来，千万不可怠慢了！

划重点

大司马大将军：西汉时为尊崇战功而在大将军前冠以大司马的一种职衔。卫青是汉朝的第一位大司马大将军。汉成帝末年，由于确立了三公制，大司马后面不再联以将军之号。

霍去病：西汉武帝时期的著名军事将领，也是汉武帝皇后卫子夫及大司马大将军卫青的外甥、大将军霍光的兄长。年少以军功受封"冠军侯"，在河西之战中大破匈奴浑邪王、休屠王。后来再次北击匈奴，封狼居胥。元狩六年（公元前117年），霍去病病逝，年仅二十四岁。

封狼居胥原指汉将霍去病打败匈奴后，登上狼居胥山筑坛祭天，向天地神灵宣告汉朝军队的胜利。后比喻建立显赫功勋。

五 · 龙城飞将正当年

秦汉帝王群(34)

"长平侯-卫青"邀请"骁骑将军-李广"加入了群聊

骁骑将军-李广

西汉武帝-刘彻
飞将军来得正好,我们正和卫青、霍去病讨论那些年我们一起打击过的匈奴呢。

冠军侯-霍去病

西汉文帝-刘恒
听说霍大将军所率领的骑兵,无论是八百人的"轻勇骑",还是一万人、五万人的大军,都是精心挑选出来的优秀士兵。

西汉景帝-刘启
怪不得能够屡建奇功。

139

秦汉帝王群(34)

冠军侯-霍去病
都是我的分内之事罢了。

西汉成帝-刘骜
"匈奴未灭,何以家为?"当真不是空话!

西汉高祖-刘邦

长平侯-卫青
我们能建功立业,主要还是多亏了各位皇帝的支持和信任。

西汉昭帝-刘弗陵
卫青将军功勋卓著,地位显赫,但从未因权势而结党营私,也从未插手朝政事务。

西汉海昏侯-刘贺
边关苦寒,卫青将军还不忘勤恤士卒,颇得人心啊。

秦汉帝王群(34)

西汉高祖-刘邦
这样的将领实属难得,我听说李广将军也是如此。

西汉宣帝-刘询
"桃李不言,下自成蹊",李广将军为人真诚笃实,最能感召人心。

西汉高祖-刘邦
是啊,各位将军都是运筹帷幄、有勇有谋,实在是我们大汉之幸啊。🎉🎉🎉

西汉高祖-刘邦
[表情:又会儿腰]

划重点

李广:西汉时期名将,号称"飞将军",曾多次参与征伐匈奴的战争,使匈奴畏服,多年不敢南犯汉朝。元狩四年(公元前119

年），李广在参加对匈奴的漠北之战时担任前将军，但中途迷路未能参战，羞愤自杀。

汉武帝为表彰霍去病赫赫战功，在京师长安为其建造了富丽堂皇的宅院府第，霍去病坚决推辞不要，并说出"匈奴未灭，何以家为？"的豪言壮语。

"桃李不言，下自成蹊"是一则成语，有关典故最早出自司马迁《史记·李将军列传》。原义是桃树、李树不会说话，却能吸引人们自发而来。这是因为它们的花朵美丽，果实可口。比喻像李广将军这样真诚笃实的人，不需要多说什么，他们的品质和行为已经足以感召人心。

眼睁睁地看着汉朝势力越来越大，一生要强的嬴政偷偷翻遍了通讯录，终于也找到了可用之人。

秦汉帝王群(34)

秦始皇-嬴政
别只顾着你们热闹呀，我们大秦也有名将。

秦二世-胡亥
就是就是，快把蒙恬将军请进来。
@ 秦王 - 子婴

秦汉帝王群(34)

秦王-子婴
蒙恬将军不就是因你而死吗？

秦始皇-嬴政
什么?!你这逆子！

西汉末帝-刘婴
[吃瓜]

骁骑将军-李广
蒙恬将军曾率军修了万里长城和九州直道，天资聪颖，是不可多得的人才呀。👍👍

骁骑将军-李广
[羡慕的眼神]

长平侯-卫青
当年他还率三十万大军北击匈奴，好不威风！👍👍

五・龙城飞将正当年

秦汉帝王群(34)

冠军侯-霍去病
是呀,还曾驻守九郡十余年,威震匈奴。👍👍

冠军侯-霍去病
[彩虹屁]

秦始皇-嬴政
我的"中华第一勇士"啊,我的心好痛啊!💔

秦始皇-嬴政
[棺材板压不住了]

秦二世-胡亥
这……蒙恬将军他大人有大量,想必不会怪我……

五·龙城飞将正当年

秦汉帝王群(34)

秦始皇-嬴政

划重点

蒙恬：出身于名将世家，从小便怀有宏伟的志向。他率领军队成功攻克齐国，为秦灭六国立下赫赫战功。在秦统一后，蒙恬再次受命，北击匈奴，成功收复河南地，并肩负起监修长城的重任。胡亥即位后，赐死蒙氏兄弟，蒙恬被迫自尽。据传，蒙恬还对毛笔进行了改良，因此被后人尊称为"笔祖"。

秦汉帝王群(34)

"秦王-子婴"邀请"秦将-蒙恬"加入了群聊

秦将-蒙恬

大家好！我是不是来晚了？

145

秦汉帝王群(35)

秦王-子婴
怎么会呢，来得正是时候。@秦二世-胡亥 正要发红包犒赏各位将军呢！

东汉质帝-刘缵
[来吧 展示]

西汉高祖-刘邦
是啊，千军易得，良将难求啊！

秦二世-胡亥
[简直不敢相信]

秦始皇-嬴政
@秦二世-胡亥 将军们都到齐了。

秦二世-胡亥
[红包] 将军们辛苦了！

五 · 龙城飞将正当年

秦汉帝王群(35)

🧧 秦二世-胡亥的红包
红包

6个红包共100镒，6分钟被抢光

骁骑将军-李广 18:09	10.70镒
长平侯-卫青 18:09	15.08镒
秦将-蒙恬 18:11	35.96镒 👑 手气最佳
冠军侯-霍去病 18:12	22.88镒
秦二世-胡亥 18:14	5.48镒
秦王-子婴 18:15	9.90镒

147

秦汉帝王群(35)

秦将-蒙恬
谢谢老板！

骁骑将军-李广
老板大气！

西汉惠帝-刘盈
咦？怎么胡亥和子婴也当大将军了？

秦二世-胡亥
这……能省一点儿是一点儿嘛。

骁骑将军-李广
各位皇帝，红包也领了，我们就"功成身退"了！

匈奴作为当时东亚地区的一股强大势力，对中原王朝的政治、经济和文化产生了深远的影响。汉匈长达数十年的战争，曾给匈奴帝国以沉重打击，但不可否认，和平稳定才是正道……

六

出差趣事

　　秦始皇除了拥有非凡的政治才能和军事智慧外，还藏着一颗热爱游历的心。他四处旅行，每当政务稍有闲暇，便迫不及待地"呼朋唤友"，踏上新的征程。

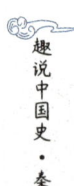

秦汉帝王群(31)

秦始皇-嬴政
最近天气很好,各位可有出行的计划啊?

西汉高祖-刘邦
国事繁忙,大事小事都离不开我啊。

秦始皇-嬴政
不耽误不耽误,我刚刚吞并六国,事情也很多呀,还不是抓紧时间巡游。

西汉惠帝-刘盈
我们大汉的皇帝忙得很,只能派大臣出个差。

西汉高祖-刘邦
[格局打开]

西汉武帝-刘彻
张骞最近又出发啦,"凿空"西域!

六 · 出差趣事

秦汉帝王群(31)

西汉高祖-刘邦
不错不错,他走到哪里了?

西汉文帝-刘恒
不如请他进群汇报一下。

西汉景帝-刘启
对对对,世界那么大,我们一起去看看!

西汉末帝-刘婴
[楼上说得对]

划重点

秦始皇为了"示强,威服海内",在统一全国后的十一年间,共有六次出巡,按年头来记,占称帝年份的近二分之一。巡游的出行季节一般以仲春二月居多,且出游历时较长,尤其在海滨逗留时间长。

151

司马迁在《史记·大宛列传》中将张骞出使西域誉称为"凿空"。"凿空"是形象化的说法,即"凿孔",意思是说张骞出使西域,打开了汉朝与西域各国的贸易往来和文化交流之路。丝绸之路也从此成为国家正规的中西通途。

秦汉帝王群(32)

"西汉武帝-刘彻"邀请"博望侯-张骞"加入了群聊

博望侯-张骞
来啦 来啦

东汉章帝-刘炟
外交家好!

东汉和帝-刘肇
旅行家好!

东汉殇帝-刘隆
探险家好!

博望侯-张骞
不敢当,不敢当。

六 · 出差趣事

秦汉帝王群(32)

博望侯-张骞
不知所措

西汉高祖-刘邦
博望侯谦虚了!最近在忙什么呢?

博望侯-张骞
我最近组了个三百多人的团,打算再次前往西域呢。

西汉高祖-刘邦
好啊,多带些好东西,别丢了我们大汉的颜面。

博望侯-张骞
我们携带千万金币、丝帛等财物,万头牛羊。高祖爷放心!

西汉文帝-刘恒
哈哈哈

划重点

张骞：汉代的外交翘楚，同时也是旅行家、探险家，更被誉为丝绸之路的开拓者。为了协助征伐匈奴的军事行动，汉武帝派遣张骞出使西域，旨在联合西域各国共同对抗匈奴的威胁。张骞曾两度踏上西域的征程，初次目的是联结大月氏，第二次则着眼于与乌孙结盟。由于匈奴在西域的影响仍十分强大，大月氏与乌孙皆无意回归故土，使得张骞最初的结盟计划未能实现。但张骞的西域之行并非无果，他开辟了赫赫有名的丝绸之路，建立了汉朝与西域各国的联系，极大地推动了汉朝与西域各族人民在经济与文化上的交流。司马迁在《史记》中将张骞的西域之行誉为"凿空"。

人生总是充满了曲折，永远不可能一帆风顺，出差也是一样。

秦汉帝王群(32)

秦二世-胡亥
外面的世界很精彩，外面的世界也很危险！

西汉武帝-刘彻
深有体会，上次张骞出差，一去就是十年之久。

秦汉帝王群(32)

秦始皇-嬴政
听说在匈奴那儿有些小插曲。

博望侯-张骞
上次穿过河西走廊时,不幸碰上匈奴的骑兵,我们全被扣留和软禁起来了。

博望侯-张骞
[宝宝心里苦]

秦王-子婴
后来如何?

西汉武帝-刘彻
幸好张骞没有屈服于匈奴的种种威逼利诱,胆大心细,趁匈奴不备逃回来了。

西汉高祖-刘邦
能回来就很好。

六 · 出差趣事

155

秦汉帝王群(32)

西汉哀帝-刘欣
想必这一路也是迎风冒雪。

博望侯-张骞
是呀，途中时而狂风扬沙，烈日炎炎；时而白雪皑皑，寒风凛冽。加上粮食不足，风餐露宿，不少随从倒毙途中，献出了生命啊！

博望侯-张骞
[感觉身体被掏空]

西汉武帝-刘彻
有这样的好臣子，是我大汉之幸啊！

博望侯-张骞
臣持汉节，不敢有失。

西汉惠帝-刘盈
[咔唧咔唧]

六 · 出差趣事

东汉明帝-刘庄
说到这里，不得不提我们的班超了。

东汉章帝-刘炟
是啊，班超也是不折不扣的军事家、外交家。

西汉武帝-刘彻
也请进来！

划重点

河西走廊：位于中国西部地区，坐落于青藏高原与蒙古高原之间，是一条狭窄的地带。因其位于黄河以西，故得此名。在汉武帝时期，为打击匈奴势力，霍去病曾两次挥师出征，深入河西走廊地区。居住于此的匈奴浑邪王与休屠王在霍去病的猛烈攻击下遭受重创，最终选择归降汉朝，使得汉朝完全掌控了河西走廊地区。随后，汉朝在浑邪王与休屠王原先的游牧地设置了酒泉、武威、敦煌、张掖四郡，统称为河西四郡。这一举措不仅推动了中西交通的发展，还打通了汉朝通往西域的通道，加强了汉朝与当地民众的经济文化交流，为张骞后续的西域之行创造了有利条

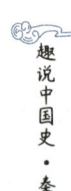

件，也为汉朝统一西域奠定了坚实基础。

汉武帝建元二年（公元前139年），为了夹击匈奴，张骞奉命出使月氏。在途中，他被匈奴抓了起来，并且在那里待了十多年。逃出来后，张骞继续出发，经过大宛和康居，最后到达大月氏，并在那里待了一年多。在返回汉朝的途中，张骞又被匈奴抓住，直到元朔三年（公元前126年）才成功回到汉朝。

秦汉帝王群(33)

"东汉明帝-刘庄"邀请"定远侯-班超"加入了群聊

定远侯-班超
大家好！

博望侯-张骞
西域都护好！

定远侯-班超
哎呀呀，我的偶像也在呢！我投笔从戎就是想像您一样立功异域啊！

定远侯-班超
彩虹屁

六 · 出差趣事

秦汉帝王群(33)

西汉宣帝-刘询
两人还有这种渊源呢!

定远侯-班超
冒昧问一下,方便加个好友吗?@博望侯-张骞

博望侯-张骞
客气啦,我加你。

定远侯-班超
哈哈哈,我这也算是追星成功啦!

博望侯-张骞
哪里哪里,咱们是兄弟相见!

划重点

西域都护:汉朝为管理西部地区而设立的高级行政军事长官,官阶相当于内地之郡守,秩级为二千石。其下设有副校尉、丞、司马等属官,协助西域都护处理西域地区的各项事务。西域都护

159

的设立不仅确保了丝绸之路的畅通无阻,极大地促进了汉族与西域各民族之间的团结与经济文化交流,同时也象征着西域地区正式纳入汉朝中央政权的直接管辖之下,标志着汉朝对西域地区的有效治理和全面控制。

　　班超出身贫寒,初在官府担任文书抄写之职,他常感壮志未酬,掷笔慨叹:"大丈夫无它志略,犹当效傅介子、张骞立功异域,以取封侯,安能久事笔砚间乎?"于是,在四十岁时,班超毅然投笔从戎,弃文就武,开启了戎马生涯。班超曾率使团出使西域,成功收服西域诸国,并因此被汉和帝任命为西域都护。他在西域经营长达三十一年,期间对内平定诸国内乱,维护了西域的和平稳定;对外则抵御强敌入侵,保卫了汉朝边疆的安全。

　　刘邦也好奇异域的新鲜事物,忍不住多问了几句。

秦汉帝王群(33)

西汉高祖-刘邦
博望侯最近在忙什么呢?

定远侯-班超
我看了他的朋友圈,有很多没见过的东西。

秦汉帝王群(33)

博望侯-张骞
我从西域带回来好多稀罕物,有葡萄、黄瓜和芝麻,有地毯,还有狮子、犀牛、汗血宝马!

博望侯-张骞
太多了,这不还没来得及修图凑九宫格发朋友圈呢。

西汉文帝-刘恒
[暗中观察]

西汉景帝-刘启
张骞严选,那必定错不了!👍👍

西汉武帝-刘彻
[来吧展示]

博望侯-张骞
还有一些农作物种子,有核桃、蚕豆、石榴、香菜、胡萝卜、大蒜。

六 · 出差趣事

秦汉帝王群(33)

西汉武帝-刘彻
不错不错,美食又增加了!

西汉武帝-刘彻
[又会儿腰]

博望侯-张骞
各位皇帝满意就好!丝路之事繁忙,我和班超就先告退了。

博望侯-张骞
[光速消失]

划重点

丝绸之路开辟后,西域地区的特色动植物传到中原,葡萄、黄瓜、石榴、胡萝卜、大蒜等丰富了中原人民的餐桌,而汗血宝马的引进则促进了中原地区骑兵战力的提高。这些物种的交流、传播也是中华各民族交流、交往、交融的重要见证。

汗血宝马：又被称为大宛马，源自古代西域的大宛国，位于现今中亚的费尔干纳盆地。其本名为阿哈尔捷金马，产自土库曼斯坦。据《史记》所述，此马在急速奔驰后，肩部会渐渐隆起，并分泌出宛如鲜血般的汗液，因此得名"汗血宝马"。

世界那么大，美食那么多，皇帝们也想出去走走，可惜他们要考虑的事情还有很多……

七
皇帝的人间烟火

　　皇帝的身份是华丽的,但生活也是平凡的。光阴似箭,岁月如梭,转眼又是一年盛夏。刘邦觉得酷暑难耐,寝食难安,来群里寻些解暑妙计。

七 · 皇帝的人间烟火

秦汉帝王群(31)

西汉高祖-刘邦
近日天气炎热,我食欲不振,各位有什么美食推荐?

西汉高祖-刘邦
[感觉身体被掏空]

西汉惠帝-刘盈
葫芦。

西汉文帝-刘恒
莲藕。

西汉景帝-刘启
芥菜。

西汉武帝-刘彻
茱萸。

秦始皇-嬴政
停停停,你们演报菜名呢?

165

秦汉帝王群(31)

东汉光武帝-刘秀
> 搞错了 重来

东汉明帝-刘庄
> 10种必吃的美食，不吃后悔一辈子！
>
> 最后一种你想不到……
>
> 秦汉 美食家
>
> 暗中观察

西汉末帝-刘婴
> 这藕看起来确实爽口啊。

西汉宣帝-刘询
> 雍菜看着也是食欲倍增！

西汉昭帝-刘弗陵
> 楼上说得对

七 · 皇帝的人间烟火

< 秦汉帝王群(31)　　　　　⋯

秦始皇-嬴政
这个叫芥菜的，我怎么没吃过？

秦二世-胡亥
芥菜好吃得很，我这就派大厨给您腌制。

秦始皇-嬴政

秦王-子婴
别只顾着介绍呀，看那最后一种，你一定没吃过。@ 秦二世 - 胡亥

秦二世-胡亥
"吃苦"什么时候也算美食了？不必啦，我还有事儿……

秦二世-胡亥

167

划重点

> 蕹菜：原产于中国，民间常称之为"空心菜"或"藤藤菜"。它的嫩梢部分是可食用的，尤其适合在夏季高温时作为绿叶蔬菜食用。芥菜，也源于中国，现今在全国各地的栽培都很普遍。芥菜本身带有一定的辣味，经过腌制后则会呈现出特殊的鲜味和香味。值得一提的是，芥菜的种子不仅可以用来榨油，还能制作成芥辣粉。考古发现也证明了这两种蔬菜的历史悠久，湖南长沙马王堆汉墓和江苏邗江西汉墓中都曾出土过芥菜籽和蕹菜籽的遗迹。

领略了美食的千姿百态，刘邦心中又涌起一股对饮品的渴望。此时此刻，若有一杯精心调配的饮品相伴，那无疑是锦上添花。

秦汉帝王群(31)

西汉高祖-刘邦
好好好，这篇推文我收藏了！👍👍

西汉惠帝-刘盈
您要是实在没胃口，还可以喝点消暑的蜜水。

西汉高祖-刘邦
还是我的儿子最体贴！

七 · 皇帝的人间烟火

秦汉帝王群(31)

秦始皇-嬴政
咳咳！@ 秦二世 - 胡亥

秦二世-胡亥
[来啦来啦]

秦二世-胡亥
父亲，我当然也给您准备了皇家六饮！

秦始皇-嬴政
不错不错，这才是我的好儿子！

划重点

汉代饮料从普通的水升级成了蜜水，也就是掺了蜂蜜的水，口感与现在的蜂蜜水类似。

皇家六饮分别是水、浆、醴（lǐ）、凉、医、酏（yǐ）。水，即普通饮用水；浆，由小米或奶酪制作而成的饮料；醴，即甜米酒；

凉，寒粥或是以冰块镇凉的用梅子、桃子煮成的酸梅汤、杨桃汤；医，即梅浆，用于清热解毒；酏，酿酒所用的清粥，也指米酒或甜酒。

秦始皇刷着手机，心里却时刻惦记着生产。

秦汉帝王群(31)

秦始皇-嬴政
天气固然炎热，也不可误了农时。

西汉高祖-刘邦
@西汉宣帝-刘询 听说近期粮食产量很不错。

西汉宣帝-刘询
对！

西汉宣帝-刘询
叉会儿腰

东汉光武帝-刘秀
那也不能掉以轻心呀，毕竟谁也说不准灾害什么时候到来。

七·皇帝的人间烟火

秦汉帝王群(31)

西汉宣帝-刘询
放心吧,为了应对突发的天灾和战争带来的遍地流民的情况,我设置了常平仓。🙏

西汉宣帝-刘询
这样就能保证百姓们在灾荒和战争期间的基本生活啦。👍👍

西汉高祖-刘邦
呱唧呱唧

西汉惠帝-刘盈
为了扩大再生产,我另辟蹊径……

秦始皇-嬴政
此话怎讲

西汉惠帝-刘盈
男子二十岁、女子十五岁,就应当结婚。🌹

171

秦汉帝王群(31)

东汉章帝-刘炟
我也下诏优待孕者及其家庭。

西汉惠帝-刘盈
人丁兴旺才能家业兴旺嘛！

东汉章帝-刘炟
[表情：楼上说得对]

西汉高祖-刘邦
[表情：给亵儿戴上]

西汉高祖-刘邦
说到结婚，最近梁荒王刘嘉娶任宝姊妹为妻了。

西汉惠帝-刘盈
是呀，他又把自己的妹妹嫁给任宝。

秦二世-胡亥
还可以这样？

七·皇帝的人间烟火

秦汉帝王群(31)

西汉文帝-刘恒
后来呀,任宝的兄长又将女儿嫁给了梁荒王刘嘉的儿子刘立。🎉

秦始皇-嬴政
简直不敢相信

秦始皇-嬴政
这是什么?绕口令吗?😵

西汉景帝-刘启
这是两代同辈人结成的三重亲,亲上加亲呀。

西汉高祖-刘邦
即使已是亲上加亲,也万万不可疏忽大意。"六礼"都安排妥当了吗?

西汉宣帝-刘询
高祖爷放心!

西汉宣帝-刘询
妥妥的!

173

秦汉帝王群(31)

西汉景帝-刘启

划重点

常平仓：中国古代政府为平衡粮价、储备粮食以防饥荒，并满足官民之需而设立的重要设施。其旨在于运用价值规律调节粮食供需，以稳固粮食市场价格。此举不仅有效地避免了因粮价过低而损害农民利益的"谷贱伤农"现象，同时也预防了因粮价过高而加重民众负担的"谷贵伤民"问题。

东汉政府对孕妇及其家庭都有优待的措施。汉章帝时曾有规定："今诸怀妊者，赐胎养谷，人三斛。"即如果家有孕妇，政府要赐给其谷物，名曰"胎养谷"，每人为三斛，相当于孕妇八至九个月的基本口粮。此外，为了方便孕妇家人尤其是丈夫能尽量照顾妻子，东汉政府对孕妇的丈夫也会施以免役、免税等优待措施。

重亲：即亲上加亲，婚姻之家复结婚姻。重亲现象的存在，可以看出当时婚嫁双方的辈分并无严格限制。家族彼此间响应、支援，相互通婚是重要联系纽带。

关于婚姻缔结的程序，先秦有六礼之说：纳采、问名、纳吉、纳征、请期、亲迎。纳采是男方家通过媒人正式向心仪的女方家提出缔结婚姻的意愿，并携带寓意吉祥的礼物以示诚意。问名是男方通过媒人询问女方的芳名与生辰八字。纳吉是男方将女方之名与八字取回后，于祖庙中进行占卜，以祈求婚姻美满、吉祥如意。纳征，又称过大礼，男方将聘书和礼书正式送达女方家，作为缔结婚姻的正式文书和礼物。请期，则是男方家根据占卜结果，选定吉日，并备礼通知女方家，求得女方同意后确定婚期。最后，亲迎之日，新郎身着礼服，在媒人、亲友的陪同下，亲自前往女方家迎娶新娘。秦汉时婚仪基本承继六礼，由于其过于程式化和烦琐，普通百姓多不拘泥于此制。上层社会及讲究礼仪的士阶层，多践行六礼之制。

而汉桓帝刘志却不在乎亲贵，只求一片真心。

秦汉帝王群(31)

东汉桓帝-刘志
难道婚姻只讲究门当户对吗？

东汉桓帝-刘志
离了个大谱

秦汉帝王群(31)

西汉惠帝-刘盈
当然不只是这样,当年我外公就是看我爸面有贵相,才不顾外婆的反对,坚持把我妈嫁给了我爸。

西汉高祖-刘邦
不得不说,老丈人真是好眼力!

西汉高祖-刘邦
[叉会儿腰]

西汉文帝-刘恒
@ 东汉桓帝 - 刘志 当然不用门当户对,我的窦皇后就出身穷苦,朴实无华。

西汉武帝-刘彻
我的卫皇后也本是奴仆之女,可见咱们都是真爱呀!

秦始皇-嬴政
还不都是看人家长得漂亮。

七·皇帝的人间烟火

```
秦汉帝王群(31)

秦始皇-嬴政
  [我就笑笑不说话]

秦二世-胡亥
  这终究是个看脸的世界！

秦二世-胡亥
  [这双眼看透水的心门]
```

划重点

在秦汉时期，人们选择配偶的标准多种多样，有的看重门第，有的注重才德，有的关注容貌，还有的相信卜相。

吕后的父亲吕公以好相人著称，在一次宴会上因看见刘邦相貌稀奇、气度非凡，不顾妻子的坚决反对，坚持要将女儿吕雉嫁给刘邦。

177

> 窦皇后：别名窦漪房、窦姬，汉惠帝时窦姬以良家子身份进入后宫，侍奉吕太后。后来吕太后将其赐给代王刘恒，随行代国，甘苦与共。刘恒登基后，窦姬被立为皇后。

胡亥眼珠子一转，敏锐地嗅到这正是爆料八卦的好时机！

秦汉帝王群(31)

秦二世-胡亥
其实这还算不上真爱。

秦王-子婴
[吃瓜]

西汉高祖-刘邦
[此话怎讲]

秦二世-胡亥
传闻有位皇帝怕打扰宠臣睡觉，不惜把袖子割断。

七·皇帝的人间烟火

秦汉帝王群(31)

秦王-子婴:我也听说了,甚至想传位于他。

秦始皇-嬴政:是大司马董贤吧?

秦始皇-嬴政:[暗中观察]

秦二世-胡亥:@西汉哀帝-刘欣

西汉哀帝-刘欣:[不知所措]

西汉高祖-刘邦:什么?堂堂七尺男儿,竟然做出这种事!

秦汉帝王群(31)

西汉哀帝-刘欣
不是,高祖爷,您不了解他……

西汉高祖-刘邦
我现在只想了结你!💣💣💣

西汉高祖-刘邦
[扶墙吐血]

西汉哀帝-刘欣
[光速消失]

划重点

　　董贤:西汉哀帝的弄臣,因其俊美的外表而深得皇帝的宠爱。董贤从早到晚侍立汉哀帝左右,常常用谄媚来巩固自己的地位。哀帝封其为高安侯,后官拜大司马。汉哀帝驾崩后,王莽入朝辅政,董贤罢官，后自缢于家中。

　　曾有一次在白天睡觉时，董贤的头压住了汉哀帝的衣袖。汉哀帝想要起床，担心会惊醒董贤，所以决定用剑将衣袖割断。此即成语"断袖之癖"的出处。

刘秀见大事不妙，赶紧出来解围。

秦汉帝王群(31)

东汉光武帝-刘秀
> 不聊那些了，我请大家看杂技。

西汉高祖-刘邦
> [咿咿呀呀表情图]

西汉武帝-刘彻
> 杂技我知道，当年我向外国使臣展示大汉实力的时候也请他们看过。

西汉昭帝-刘弗陵
> 都有什么表演呀？

七·皇帝的人间烟火

181

秦汉帝王群(31)

西汉武帝-刘彻
简单来说，就是扮演角色的乐舞、模仿动物的舞蹈等。

东汉明帝-刘庄
就这？

西汉文帝-刘恒
有什么问题吗

西汉景帝-刘启
就这已经够让他们震撼了。

东汉光武帝-刘秀
不够不够，杂技还是得看我们的。

东汉明帝-刘庄
我们有找鼎、寻橦、吞刀、吐火等各种杂技幻术。

东汉和帝-刘肇
还有举重表演、驯兽表演……

七 · 皇帝的人间烟火

秦汉帝王群(31)

东汉章帝-刘炟
> 还有器乐演奏和带有简单故事的"东海黄公"等。

西汉高祖-刘邦
> 甚好!还在等什么?

西汉高祖-刘邦
> [请开始你的表演]

东汉光武帝-刘秀
> 没问题,扫码订票或者直接给我转账都可以,亲情价只要998钱!

西汉惠帝-刘盈
> [离了个大谱]

秦始皇-嬴政
> 我们拿你当亲人,你却只想赚钱!
> 💣💣💣

183

> **秦汉帝王群(31)**
>
> **东汉光武帝-刘秀**
> 不是,我这也是为了带动国家经济发展,搞好大汉文旅事业呀。
>
> **东汉章帝-刘炟**
> 爷爷真是用心良苦啊!

划重点

百戏是中国古代汉族民间艺术的集大成者,其内涵十分丰富,主要是杂技,也包括找鼎、吞刀、吐火等多种技艺表演。至东汉时期,百戏艺术更是达到了鼎盛,李尤的《平乐观赋》中记载的"乌获扛鼎"是举重表演,"吞刃吐火"至今仍被用于杂技表演。

从考古发掘的材料能看出当时杂技的种类很丰富,例如,在山东沂南汉墓出土的一幅乐舞图中,可以看到除了乐舞表演外,还有杂技飞剑、驯兽,以及模仿鬼怪的艺人等。

《东海黄公》是西汉时期角抵戏中的一出重要剧目,其故事背景源于流传甚广的民间传说。据东晋葛洪所著的《西京杂记》记载,东海人氏黄公,年轻之时曾深谙法术之道,能够抵御并制服凶猛的蛇、虎等野兽。他常常身佩赤金刀，以红绸束发，表演法术时能召唤云雾缭绕，有超凡脱俗的本领。但黄公步入晚年，体力逐渐衰退，加之过度饮酒导致法术失灵。他有一次想去镇服白虎，反而被白虎咬死了。

刘秀说得慷慨激昂，却不见有人来捧场。

> **秦汉帝王群(31)**
>
> 东汉光武帝-刘秀
> 哎？怎么都不说话了？
>
> 西汉高祖-刘邦
> 我先来一张。
>
> 东汉光武帝-刘秀
> 谢谢高祖爷！
>
> 东汉章帝-刘炟
> 还得是高祖爷大气！
>
> 东汉和帝-刘肇
> [彩虹屁]

七·皇帝的人间烟火

185

秦汉帝王群(31)

西汉高祖-刘邦
自己家的孙儿,除了宠着,还能怎么办?

东汉光武帝-刘秀
您放心,这是对我们大汉文旅事业的投资,一定不会让您失望的!

西汉高祖-刘邦
最好是这样!

东汉殇帝-刘隆
高祖爷有时间来我们直播间逛逛呀。

西汉高祖-刘邦
都有什么宝贝?

东汉殇帝-刘隆
宝贝可多啦,今天刚刚上新了"蹴鞠将军"霍去病亲笔签名的蹴鞠。

东汉安帝-刘祜
还有居家必备时尚单品——俑。

七 · 皇帝的人间烟火

秦汉帝王群(31)

东汉顺帝-刘保
> 对对，精美的舞乐俑、杂技俑都深得我心！👍👍

东汉光武帝-刘秀

秦王-子婴

秦始皇-嬴政
> 等等，俑？不是我的兵马俑最厉害吗？为何没有文创周边？

秦始皇-嬴政
> @秦二世-胡亥 来人呐！

秦二世-胡亥
> 好嘞爸爸，我这就去安排！

187

划重点

"蹴鞠"是古代人们以脚踢踏、蹴击球体的活动,堪称现代足球的雏形。早在战国时期,中国民间就出现了蹴鞠游戏;到了汉代,甚至成为军事训练中提高士兵体能和协调性的方法。宋代时期,蹴鞠游戏进一步规范化,出现了专门的蹴鞠组织和技艺精湛的蹴鞠艺人。至清代,这一传统运动又得到了新的发展,演变出冰上蹴鞠这一新颖的玩法。

俑是记录百戏、杂技的另一种载体。洛阳地区汉墓的考古发掘中,出土了大批乐舞百戏俑。其中,舞乐俑共有八件,它们姿态各异,或作吹箫、击鼓之态,或抚琴轻弹,也有歌唱之姿。还有舞俑三件,身着汉代特有的长衣大袖,双臂张开,身姿曼妙;杂技俑六件,有作倒立状、反弓状等。

秦始皇陵兵马俑,又称为秦兵马俑或秦俑,是按照真实军队的阵列形式制作的大型殉葬品。每一尊陶俑都经过精心雕刻,身高约1.8米,排列得井井有条,仿佛一支真正的军队正在等待命令,再现了秦朝军队的壮丽和庄严。1987年,联合国教科文组织正式将秦始皇陵及其壮观的兵马俑坑纳入《世界遗产名录》,并赋予其"世界文化遗产"的崇高地位,被誉为"世界第八大奇迹"。

七 · 皇帝的人间烟火

这几日,大家真是过得分外惬意,吃得开心,玩得尽兴。每一天都充满了欢声笑语,所谓盛世,不过如此……

八
都是文化人

刘邦近来发现，刘恒房间里那盏熟悉的灯火，每每都亮至深夜。老父亲爱子情切，担忧刘恒的身体吃不消，于是决定亲自前来询问一番。

秦汉帝王群(31)

西汉高祖-刘邦
@西汉文帝-刘恒 儿子最近忙什么呢?每天都点灯熬油的。

西汉文帝-刘恒
爸爸,我最近在读书呢。

西汉高祖-刘邦
[表情]

西汉高祖-刘邦
三更灯火五更鸡,正是男儿读书时啊。都学到什么了?

西汉文帝-刘恒
有个叫枚乘的人写了一篇《七发》,感觉和别人写的都不一样。

东汉光武帝-刘秀
此赋是汉大赋的发端之作,不可不读啊!

八 · 都是文化人

191

秦汉帝王群(31)

东汉明帝-刘庄

东汉明帝-刘庄
> 我也读过这赋,警示我们万万不可过分沉溺于安逸享乐。

西汉武帝-刘彻
> 道理是这个道理,但是我们这年代已经不流行啦。

西汉昭帝-刘弗陵
> 我们大汉王朝如今疆域辽阔,繁荣昌盛,恢宏大气藏也藏不住呀。

秦始皇-嬴政
> 形容词还怪多的嘞,有什么了不起的。

东汉章帝-刘炟
> 您别急呀,你们大秦也有很多词语可以形容。

八 · 都是文化人

秦汉帝王群(31)

秦始皇-嬴政
那是自然！

秦始皇-嬴政
又会儿腰

东汉章帝-刘炟
比如沧海一粟、九牛一毛、昙花一现……

秦始皇-嬴政
[棺材板压不住了]

划重点

赋是汉代最流行的文体，其显著特点在于韵散交融、铺陈叙述。当时写赋最有名的是司马相如、扬雄、班固、张衡，被誉为

193

"汉赋四大家"。这四人是汉大赋的最高成就者,标志着汉赋在内容、风格上的成熟。

《七发》是辞赋家枚乘创作的一篇赋,这篇赋假托楚太子与吴客之间的问答,表现出汉初社会风尚的衰变和贵族阶级的荒淫骄奢,告诫贵族子弟不要过分沉迷于舒适和享乐。此赋乃汉大赋之滥觞,对后世文学产生了深远影响。其独特之处在于主客问答的结构,连续铺陈七事。这种布局手法为后世所承袭,并逐渐发展成赋体文学中的"七体"传统,为后世赋家所广泛采用。

刘贺最近也追赶潮流,读了几本书。

秦汉帝王群(31)

西汉海昏侯-刘贺
现在最当红的非司马相如莫属啦。

西汉宣帝-刘询
司马相如不仅是汉赋大师,还是散文名家呢。

西汉海昏侯-刘贺
[彩虹屁]

八 · 都是文化人

秦汉帝王群(31)

西汉元帝-刘奭
对,所以人家能征服卓文君,靠的都是才华呀!

西汉平帝-刘衎
🔊 7"
就这样被你征服～

秦始皇-嬴政
赋圣虽好,可不要一家独大哦。

西汉宣帝-刘询
那是当然,我们是百花齐放,争奇斗艳呐!有扬雄的《蜀都赋》、班固的《两都赋》,还有张衡的《二京赋》。

西汉宣帝-刘询
[表情:又会儿腰]

秦二世-胡亥
爸您也得多看点书,别整天想着什么"不死之药"呀,"长生不老"啦……

秦汉帝王群(31)

秦二世-胡亥
丢脸不说,还被骗了那么多钱,这都是吃了没文化的亏呀!

东汉灵帝-刘宏
[吃瓜]

秦始皇-嬴政
[逆子闭嘴]

秦始皇-嬴政
你是胆子肥了还是翅膀硬了?!竟敢教训起你老子来啦!

秦二世-胡亥
[不知所措]

秦二世-胡亥
这情况怎么和茅焦说的不一样啊?

八 · 都是文化人

秦汉帝王群(31)

秦二世-胡亥
不说了不说了，我手机没电了。爸爸，要是能重来，您一定要记得，统一充电器！

秦二世-胡亥
（光速消失）

划重点

司马相如是公认的汉赋代表作家，现存于世的赋有《子虚赋》《上林赋》《大人赋》《长门赋》《美人赋》《哀秦二世赋》六篇。不仅如此，他的散文成就也很高，流传至今的有《谕巴蜀檄》《难蜀父老》《谏猎疏》《封禅文》等。在语言的运用和形式的发展等方面，司马相如对汉代散文做出了重要的贡献。

司马相如和卓文君的故事是中国古代著名爱情故事之一，卓文君是当地巨富卓王孙之女，聪明美丽，两人因琴曲《凤求凰》

197

而结缘。

《蜀都赋》是西汉时期文学家扬雄的赋作，该赋言辞华丽，主要描写了成都的壮美秀丽。

《两都赋》的作者是东汉时期的班固，分为《西都赋》与《东都赋》两篇。其中，《西都赋》以细腻而宏大的笔触，描绘了古都长安的地势险峻、资源丰饶及宫廷之瑰丽，借此展现了西都长安往昔的繁盛与辉煌。《东都赋》则转而聚焦于东汉迁都洛阳后的盛景，展现了新都的繁荣与气派。

《二京赋》是东汉时期张衡的作品，分为《西京赋》与《东京赋》两篇。其中，"二京"指的是汉代时期的西京长安与东京洛阳。这两篇赋作不仅篇幅宏大，而且结构缜密，被多数人认为是汉赋中的精品。

秦始皇为了追求长生不老，特派徐福率领一支由三千童男童女组成的队伍，搭乘庞大的楼船东渡，寻求传说中的仙丹妙药。这趟求仙之旅耗资巨大，最终却未能寻得传说中的仙药。后来徐福不知所终，据民间传说是到了今天的日本。

茅焦：秦王嬴政统治时期备受尊崇的一位"亢直之士"、敢谏之臣。嬴政因嫪毐与太后淫乱而车裂嫪毐，并将太后迁居于雍棫阳宫。茅焦以死进谏，力谏嬴政应迎太后以尽孝道，因此被嬴政封为上卿。

秦朝父子吵得热闹，刘彻可没心思"吃瓜"。

八·都是文化人

秦汉帝王群(31)

西汉武帝-刘彻
别吵了家人们,直播就要开始啦!都来点点小红心呀。

西汉高祖-刘邦
又要带货了吗?

秦始皇-嬴政
[表情:干啥啥不行 要钱第一名]

西汉武帝-刘彻
我们可和普通的主播不一样,只知道让人下单,俗气!这可是音乐区主播的TOP1。

西汉文帝-刘恒
叫什么名字?我去关注一下。

西汉武帝-刘彻
乐府之声。

西汉景帝-刘启
今天是哪位主播呀?

秦汉帝王群(31)

西汉武帝-刘彻
我最喜欢的音乐人——李延年。🌹

西汉武帝-刘彻
我要给哥哥刷火箭、游艇、嘉年华!

西汉成帝-刘骜
李延年是李夫人的哥哥吧。

西汉武帝-刘彻
[楼上说得对]

西汉平帝-刘衎
听说还是李广利将军的弟弟。

西汉武帝-刘彻
[楼上说得对]

西汉高祖-刘邦
哈哈哈,李家的人才真是不少呀。

划重点

汉乐府是一个专门管理乐舞演唱教习的机构，它初设于秦朝，是当时三公九卿中少府所管辖的机构之一。在汉武帝时期，汉乐府正式成立，其职务是专门搜集民间的歌谣以及文人作品，进行音乐编配，以供朝廷在举行祭祀大典或宫廷宴饮时奏乐使用。

李延年：出身倡家，哥哥是西汉将领李广利，妹妹是汉武帝宠妃李夫人。李氏家族世代以乐舞为业，家族成员皆精通音律。李延年深受汉武帝喜爱，官职协律都尉，代表作《佳人曲》。歌词为"北方有佳人，绝世而独立。一顾倾人城，再顾倾人国。宁不知倾城与倾国，佳人难再得"。这也是成语"倾国倾城"的由来。

李广利：西汉时期的将领、外戚，李夫人和李延年之兄。汉武帝初年被任命为贰师将军，两次西征大宛，杀死大宛国王，在轮台屠城，威慑西域诸国，加深了汉朝与西域各国的关系。在汉匈战争中，他多次率军击败匈奴，后兵败投降被杀。

刘彻看着看着，不禁睹物思人……

> **秦汉帝王群(31)**
>
> **西汉武帝-刘彻**
> 北方有佳人，绝世而独立。一顾倾人城，再顾倾人国。宁不知倾城与倾国？佳人难再得。
>
> **西汉惠帝-刘盈**
> 绝妙好诗啊！
>
> **西汉武帝-刘彻**
> [敲木鱼]
>
> **西汉高祖-刘邦**
> 你这是又思念李夫人了吧。
>
> **西汉武帝-刘彻**
> 还是高祖爷懂我。昨天晚上我又梦到她了，她妙丽善舞，真称得上是倾国倾城啊！

八 · 都是文化人

秦汉帝王群(31)

西汉武帝-刘彻
只可惜,到最后她都不肯再让我见一面……

西汉昭帝-刘弗陵
我也经常见到爸爸在甘泉宫望着画像出神。

西汉景帝-刘启
唉,生老病死,无人能免啊。当年我爸照顾奶奶的时候,也是亲尝汤药,目不交睫呀。🙏

西汉文帝-刘恒
[来啦来啦]

西汉文帝-刘恒
所以最近我也经常学习,看些医书,学学养生。

东汉殇帝-刘隆
可以练练五禽戏。

203

划重点

　　李夫人美丽善舞，深得汉武帝的宠爱，并为汉武帝生下儿子昌邑哀王刘髆。李夫人病重时，汉武帝亲自前去探望她。李夫人自知容颜憔悴，坚决不见，果然使汉武帝念念不忘，并且厚待了她的儿子和兄弟。

　　汉文帝刘恒以仁孝品德誉满天下，对其母薄太后的侍奉始终勤勉不懈。在太后卧病的三年里，刘恒目不交睫，衣不解带。对于太后所服的汤药，他必定亲自品尝后才让母亲服用。

　　五禽戏是中国古代养生锻炼的重要方式，由华佗在"二禽戏"（即"熊经鸟伸"）的基础上改良。此套功法主要是模仿五种动物的姿态与动作，分别是虎的威猛、鹿的轻捷、熊的沉稳、猿的灵巧、鸟的轻盈。

八·都是文化人

秦汉帝王群(31)

西汉武帝-刘彻
我记得有位仓公，能预知生死呢。

西汉文帝-刘恒
你说的是淳于意吧，他的确医术了得。他还有个女儿叫淳于缇萦，小小年纪有勇有谋，令人印象深刻。

西汉景帝-刘启
您提倡节俭，人尽皆知。淳于意被安的这贪污渎职的罪名非同小可，缇萦当然救父心切呀。

西汉文帝-刘恒
通过这件事我也反思了一下，肉刑确实太过残酷，将它废除了。

西汉高祖-刘邦
这么灭绝人性的刑罚，制定者是怎么想出来的？@ 秦始皇-嬴政

西汉高祖-刘邦
[一整个大无语]

205

秦汉帝王群(31)

秦始皇-嬴政
怪我咯

秦始皇-嬴政
我那也是形势所迫!

划 重 点

淳于意曾任齐太仓令,精通医道,《史记》记载了他的二十五例医案,称为"诊籍",是中国现存最早的病史记录。

淳于缇萦是淳于意的小女儿。当时,淳于意无辜受诬,被押送至长安接受残酷的肉刑。年幼的缇萦毅然决然地跟随父亲前往京城,并上书汉文帝,为父申冤。她在奏疏中深情痛切地陈述了父亲的清白无辜,并勇敢地表示愿意代父受刑,甘愿成为官府的婢女。汉文帝深受感动,不仅赦免了淳于意的罪行,还决定废除肉刑这一残酷的刑罚制度。

肉刑主要指黥(刺面并着墨)、劓(割鼻)、刖(斩足)、宫(切除男性生殖器官）、大辟（死刑）等。公元前167年，汉文帝下诏废除肉刑，开始进行刑制改革，将原来要执行的墨刑、劓刑和斩左、右趾，改成笞刑（用竹、木板等拷打犯人臀部、背部或腿部）和死刑。

群里的气氛逐渐变得沉重，刘邦赶紧转移话题。

八·都是文化人

秦汉帝王群(31)

西汉高祖-刘邦
咱不提那些伤感的，近日乐府可有什么新作品呀？

西汉武帝-刘彻
不瞒您说，有李延年和司马相如合作的《郊祀歌》，非常实用。

西汉惠帝-刘盈
哇！真是梦幻联动！

东汉质帝-刘缵
[彩虹屁]

东汉明帝-刘庄
司马相如的作品带有明显的道家思想与神仙色彩。

秦汉帝王群(31)

秦王-子婴

离了个大谱

秦王-子婴

我记得西汉是独尊儒术的呀。

秦王-子婴

西汉武帝-刘彻

"罢黜百家,独尊儒术"只是统治政策和治国思想,可不像焚书坑儒那么极端。

秦始皇-嬴政

暗中观察

秦始皇-嬴政

我说怎么经常打喷嚏,原来是你们在偷偷议论我!

八·都是文化人

秦汉帝王群(31)

西汉武帝-刘彻
@秦王-子婴 给你科普一下,话说当年我继位后,让各地推荐贤良文学之士,董仲舒被推举参加策问……

西汉昭帝-刘弗陵
咳咳,您稍微有点扯远了,就差没从盘古开天地开始讲了。

西汉武帝-刘彻
[搞错了 重来]

西汉武帝-刘彻
总之呢,董仲舒连上三篇策论,思想融合了道家、法家和阴阳五行家的精华部分,展现了儒家思想中"兼容并蓄"与"创新发展"的特质,同时也体现了一种适应时代变迁的新思想潮流。

秦王-子婴
董仲舒真乃儒学大师!

209

秦汉帝王群(31)

秦王-子婴
格局打开

西汉惠帝-刘盈
三年不窥园,大师就是这样炼成的!🍶🍶🍶🍶🍶

西汉末帝-刘婴
真是我们后人学习的好榜样。

秦二世-胡亥
比我聪明的人比我还努力,那我努力还有什么用呢?

秦二世-胡亥
躺平平 摆烂烂

秦始皇-嬴政
我的大秦就是因为有你这样的人才灭亡的!😠

划重点

　　《郊祀歌》是乐府歌曲名，李延年作为协律都尉，负责音乐创作和编曲，他与司马相如等人合作创作了十九章。这些歌曲的名称多以歌的首句命名，并用于祭祀天地的仪式中。在随后的朝代中，这类歌辞大多沿袭了汉代的旧制。

　　"罢黜百家，独尊儒术"的施行，标志着儒家思想在国家政治、文化及社会生活各领域中占据了核心地位。这一思想起源于汉武帝时期，由董仲舒等人提出，经过汉武帝的推行，成为汉代国家的基本国策。

　　董仲舒提出的三篇策论，因首篇聚焦于"天人关系"的论述，故被后人誉为"天人三策"或"贤良对策"。此三策涵盖了诸如"天人合一""天人感应""君权天授""三纲五常"及"春秋大一统"等核心理念，巧妙地将君主的统治权与天道相联结，为帝王统治提供了坚实的理论支撑，使得其统治得以在天道之中找到了合法性。

　　董仲舒自幼便以刻苦读书著称，尽管他的书房毗邻花园，景色十分宜人，他却能在长达三年的时间里，从未踏入花园一步，甚至连一眼都未曾瞥过。这种专注与毅力，展现出他对学问的深厚热爱和执着追求，也是他最终成为儒学大师必不可少的条件。

秦汉真可谓是文化的璀璨时期，看文化人斗嘴也别有一番趣味。不知这些秦汉文化人一起搞活动会是怎样的场景？究竟是思想的狂欢，还是智慧的绽放，且听下回分解……

九
年会之争

忙忙碌碌又是一年，年末岁尾感慨多。皇帝们打算商量着一起搞个活动，以总结这一年的辛勤付出，也为来年的国家发展加油鼓劲。

秦汉帝王群(31)

秦始皇-嬴政
时间过得真快呀，转眼之间又到了年终岁尾。

秦始皇-嬴政
[表情]

西汉高祖-刘邦
是呀，听说现在都流行开年会。

秦始皇-嬴政
哦？别人有的，咱通通都要！@秦王-子婴 安排！

秦王-子婴
我办事，您放心！已经安排好啦。请看海报。

秦王-子婴
[表情：又会儿腰]

年会活动策划方案

一、年会筹备小组

总策划：秦始皇-嬴政、西汉高祖-刘邦

总执行：秦二世-胡亥、东汉光武帝-刘秀

成员：全体秦汉皇帝

二、年会内容

活动名称：《秦汉，因你而不同》

活动主题：回顾过去，展望未来

活动基调：喜庆、欢快、盛大、隆重

活动目的：通过对过去的总结，鼓励先进，树立典型，激发和调动全体人员的工作积极性，并通过年会活动，丰富大家的文化生活，培养集体荣誉感和使命感，增强向心力和凝聚力，更好地走向未来。

活动内容：领导致辞、表彰大会、文艺汇演

趣说中国史·秦汉篇

秦汉帝王群(31)

秦始皇-嬴政
不错不错!

西汉高祖-刘邦
[表情]

秦二世-胡亥
各部门都抓紧筹备吧。

西汉武帝-刘彻
不用着急呀,离正月还有几个月呢。

秦始皇-嬴政
简直不敢相信

秦始皇-嬴政
难道咱们过的不是一个年?我们十月就过年了呀。

九 · 年会之争

秦汉帝王群(31)

西汉昭帝-刘弗陵
就是正月,我查过《太初历》了。

秦始皇-嬴政
什么《太初历》?十月是新年,这是有科学依据的。

秦二世-胡亥
就是就是。

西汉高祖-刘邦
好啦好啦,都不要吵了。不管是十月还是正月,把事情办好才能过好年呀。

西汉惠帝-刘盈
楼上说得对

西汉武帝-刘彻
都听高祖爷的!

217

划重点

秦朝时新年的日期发生变更,《史记·秦始皇本纪》载:"始皇推终始五德之传,以为周得火德,秦代周德,从所不胜。方今水德之始,改年始,朝贺皆自十月朔。"可见秦始皇确立了秦朝的新年为每年的阴历十月。

汉代初期继承了秦朝的历法体系,新年被定在十月。汉武帝时对历法体系进行调整,使用《太初历》这一新的历法体系,恢复了夏历建寅的传统,将正月重新确定为岁首。这也与汉儒在此时正统地位得以建立、巩固有着密切关系。

刘邦和平解决了一件大事,更加开心了,大手一挥,当起了指挥家。

秦汉帝王群(31)

西汉高祖-刘邦
来来来,我们把会场布置一下。

西汉元帝-刘奭
来啦 来啦

九·年会之争

秦汉帝王群(31)

西汉高祖-刘邦
把我快递来的大红纸搬过来,大家随意使用!

西汉惠帝-刘盈
爸爸大气!

西汉景帝-刘启

秦始皇-嬴政
这红色不好,我喜欢黑色。

西汉武帝-刘彻
其实我倒觉得黄色比较合适。

西汉文帝-刘恒
同意,您二老说的都是老古董啦,要跟上新时代。

秦始皇-嬴政
@西汉高祖-刘邦 老弟,他嫌弃我们老了。

219

趣说中国史·秦汉篇

秦汉帝王群(31)

西汉高祖-刘邦
唉，儿大不由爹了。这个伤心年，不过也罢！

秦始皇-嬴政
我们走！

西汉高祖-刘邦
[你们都有出息了]

秦始皇-嬴政
[辣椒树压不住了]

东汉光武帝-刘秀
二位爷别走啊！

东汉明帝-刘庄
大过年的。

东汉章帝-刘炟
来都来了。

九 · 年会之争

秦汉帝王群(31)

东汉和帝-刘肇
> 都不容易。

秦王-子婴
> 到时候还发红包呢!

秦始皇-嬴政
> 红包?@西汉高祖-刘邦 大局为重啊!听孩子们的。

西汉高祖-刘邦
> 干啥啥不行 要钱第一名

划重点

　　快递业在商周时期就已有萌芽,对快递员的称谓更是多种多样。秦朝被称为"轻足",汉朝被称为"邮人"或"驿足",宋朝被称为"递夫",明清时期则被称为"驿夫"。古代快递业的主要任务是负责政府公文的往来和军情的传递,偶尔也会进行物品的运输。

秦代崇尚黑色。秦始皇深受邹衍的五德终始说影响，认为历代王朝的兴衰更替与五行（金、木、水、火、土）的相生相克密切相关。秦始皇认为，周朝属于火德，而秦朝相应地以水德自居。水能够灭火，因此秦能代周。在五行中，水对应的是坎卦，其象征的颜色为黑色。秦朝统治者即遵循这一传统而尚黑，身穿黑色龙袍，以此来代表水德属性。

汉初虽然在服色上承袭秦制为黑色，但在其他方面却展现出了"五德终始说"中"火德"所代表的赤色。如在《史记·高祖本纪》中曾记载了刘邦是赤帝子，斩白蛇起义的故事，其目的在于强调汉朝是火德，代表颜色是赤色。

汉武帝时期尚黄。此时西汉官方在多个方面都明确承认了自己是土德，如改用正月作为岁首、服色推崇使用黄色，在数字使用上推崇五，就连官名的印章也都改成五个字。

颜色之争暂时告一段落，秦始皇想看看表彰大会的筹备进程。

秦汉帝王群(31)

秦始皇-嬴政
@秦王-子婴 表彰大会准备得怎么样啦？🌶️

秦王-子婴
还是那句话，我办事，您放心！😊

九 · 年会之争

秦汉帝王群(31)

秦始皇-嬴政
好好准备着,让他们看看,我们虽然人数少,精英可不少。

秦二世-胡亥

西汉高祖-刘邦
说来听听。

秦始皇-嬴政
首先提名大良造白起。

秦二世-胡亥
这题我会,长平之战。

西汉昭帝-刘弗陵
坑杀赵卒四十五万人的那一场战役吗?怪不得您欣赏他。

西汉昭帝-刘弗陵

秦汉帝王群(31)

秦始皇-嬴政：我们有文有武，宰相范雎，远交近攻，还有人有意见吗？

秦王-子婴：这个确实是重量级。

秦王-子婴：[表情]

划重点

大良造是秦国的一种官职和爵位，它在秦孝公时期至秦灭六国前是秦国的最高爵位，掌握军政大权。在秦惠文王之前，大良造已经成为爵名。秦灭六国后，实行了二十级爵制，大良造位列其中，成为第十六位。秦国一些立有军功者或名臣都获封大良造，如商鞅、樛游、公孙衍、白起等。

白起：又名公孙起，熟知兵法，善于用兵。白起担任秦军主将三十余年，攻城七十余座，作战中料敌如神，出奇制胜，威震六国，在秦统一六国的进程中做出了巨大的贡献。他与廉颇、李牧、王翦并称为"战国四大名将"。

秦昭王即位后，任用范雎为相，并采纳了范雎提出的"远交近攻"政策，即与距离秦国较远的齐、楚、燕等国暂时维持和平，集中力量进攻距离秦国较近的韩、赵、魏三国，逐渐蚕食他们的土地。这样既能巩固已经占领的土地，又能破坏关东六国的合纵。在这个策略指导下，秦国攻占了韩国的战略要地上党郡，又在长平之战中大破赵军，坑杀赵降卒四十余万，极大地加速了秦国平定六国、统一全国的进程。

这么一看，秦朝的能人还真不少。

秦汉帝王群(31)

秦二世-胡亥：爸，还有吕不韦您别忘了。

秦始皇-嬴政：对!他编写的《吕氏春秋》包含哲学、史学、政治、道德、天文、地理、农业……

秦王-子婴：[彩虹屁]

秦汉帝王群(31)

西汉武帝-刘彻
吕不韦固然懂得奇货可居,但是提到著书,谁能比得上我们太史公。

西汉宣帝-刘询
"高山仰止,景行行止,虽不能至,心向往之。"

西汉宣帝-刘询
[格局打开]

秦始皇-嬴政
司马迁既然伟大,为何受刑?

西汉武帝-刘彻
他为叛徒李陵说情,实在可恶!

秦始皇-嬴政
你调查清楚了吗?

西汉武帝-刘彻
[你们在教我做事]

九 · 年会之争

秦汉帝王群(31)

西汉武帝-刘彻
别光批判我，吕不韦不也是被你逼死了吗？

秦始皇-嬴政
吕不韦把持朝政，我也是不得已。

秦始皇-嬴政
[有什么问题吗 表情]

东汉章帝-刘炟
既然都提到司马迁了，怎么能不提"班马"呢？

东汉明帝-刘庄
[来啦来啦 表情]

东汉明帝-刘庄
先叉会儿腰。

秦汉帝王群(31)

东汉明帝-刘庄
儿子,班固可是我们东汉的大文学家。没有他,就没有《汉书》,他现在情况如何呀?

东汉章帝-刘炟
@ 东汉和帝 - 刘肇 儿子,你来给爷爷汇报一下。

东汉和帝-刘肇
他已经……爷爷,您也知道,人固有一死……

东汉明帝-刘庄
[此话怎讲]

东汉和帝-刘肇
不过您放心!我已经把害死他的人都收拾了!

东汉和帝-刘肇
🥟

划重点

吕不韦：战国末期著名的商人、政治家，曾一度身居秦国丞相。秦始皇嬴政十分担忧吕不韦会进行叛乱，于是采取行动，解除了吕不韦的丞相职务，将其安置在河南的封地。不久之后，他又下令吕不韦全家迁徙至偏远的蜀地，吕不韦深感绝望，担心被诛杀，最终饮鸩自尽。

吕不韦在担任丞相期间，模仿战国四公子，招致天下志士，食客多达三千人。他让食客们把自己所学所闻著写成书，汇集而成《吕氏春秋》。

"奇货可居"出自司马迁《史记·吕不韦列传》。吕不韦在邯郸做生意时，偶然遇到了落魄的秦国王子子楚。他觉得子楚就像一件稀有的货物，可以储存起来等待高价卖出。后来，他通过各种手段将子楚推上了秦国的王位，自己也因此成为秦国的丞相。"奇货可居"后来常被用于比喻某人持有某种罕见或独特的技能、知识、资源等，将其作为自身的资本或优势，静待时机，以期在适当的时刻运用，进而谋求名望、利益或地位的提升。

"高山仰止，景行行止，虽不能至，心向往之"出自《史记·孔子世家》的"赞"，司马迁赞誉孔子的品行道德像高山一样让人仰视，让人以孔子的作为和举止当作自己的行事准则。虽然一般人不能达到孔子的境界，但心里也知道了努力的方向。

司马迁：西汉史学家、文学家。汉武帝天汉二年（公元前99

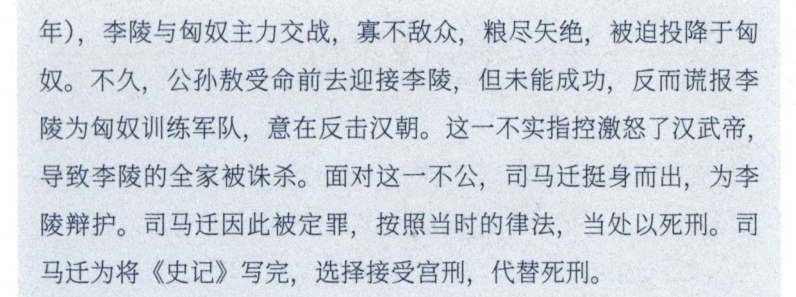

年），李陵与匈奴主力交战，寡不敌众，粮尽矢绝，被迫投降于匈奴。不久，公孙敖受命前去迎接李陵，但未能成功，反而谎报李陵为匈奴训练军队，意在反击汉朝。这一不实指控激怒了汉武帝，导致李陵的全家被诛杀。面对这一不公，司马迁挺身而出，为李陵辩护。司马迁因此被定罪，按照当时的律法，当处以死刑。司马迁为将《史记》写完，选择接受宫刑，代替死刑。

班固是东汉时期的大臣和文学家，与司马迁并称为"班马"，其文学成就卓越，著有《汉书》《白虎通义》《两都赋》等作品。永元四年（公元92年），班固因与涉嫌密谋叛乱的窦宪关系过密，遭洛阳令种兢陷害，被捕入狱，死于狱中。和帝得知班固已死，下诏谴责种兢公报私仇的恶劣做法，并将害死班固的狱吏处死抵罪。

《汉书》作为《史记》之后的重要史书，在中国古代史学史上占据重要地位。它开创了纪传体断代史的编纂新体例，与《史记》《后汉书》及《三国志》共同被称为"前四史"。

看到这么多大才子死于非命，不禁让人感慨。

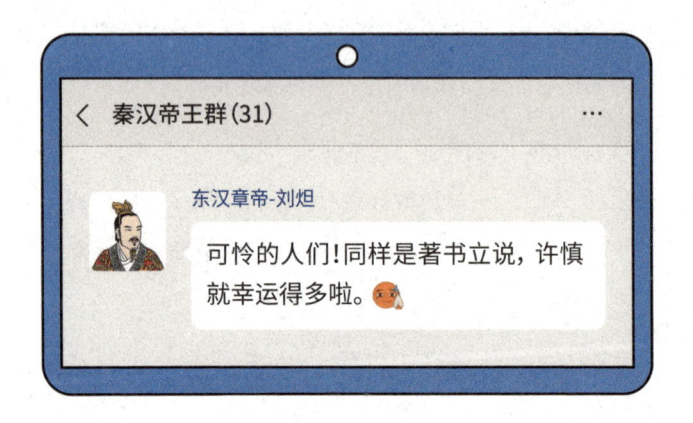

秦汉帝王群(31)

东汉章帝-刘炟

可怜的人们！同样是著书立说，许慎就幸运得多啦。

秦汉帝王群(31)

东汉和帝-刘肇
没错,我也提名许慎!《说文解字》,"天下第一种书"当之无愧!

东汉和帝-刘肇
[又会儿腰]

东汉安帝-刘祜
我这也有优秀的人才——张衡!开创中国天文、地理研究之先河。

东汉顺帝-刘保
张衡的发明真不少,浑天仪、地动仪……

西汉昭帝-刘弗陵
[等一下]

西汉昭帝-刘弗陵
你们说得都不够务实,天马行空的。看看赵过。

九 · 年会之争

秦汉帝王群(31)

西汉高祖-刘邦
怎么,他又发明新鲜玩意儿啦?

西汉高祖-刘邦
[吃瓜]

西汉宣帝-刘询
对呀,发明了一种新式农具——耦犁。

西汉宣帝-刘询
[又会儿腰]

西汉高祖-刘邦
还是农学家最靠谱,脚踏实地。

西汉高祖-刘邦
[呱唧呱唧]

划重点

许慎：字叔重，东汉著名的经学家、文字学家、语言学家，是中国文字学的开拓者，被誉为"五经无双许叔重"。许慎曾在太尉府担任祭酒一职，他的老师是经学大师贾逵。

许慎鉴于当时俗儒对文字的解释与古义多有出入，于是广泛咨询博学之士，并深入考究贾逵等先贤的学说，历经二十一年完成《说文解字》这一巨著。《说文解字》是中国历史上最早且最具权威性的字典，深入分析了字形，细致考究了字源，为后世研究中国古代文字的形、音、义及其发展历史提供了宝贵的资料。

张衡：东汉时期著名的科学家，不仅在天文历算领域造诣深厚，更是创新性地发明了世界上最早的浑天仪和地动仪等九项重要科技装备。他的学术成就涵盖科学、哲学及文学三大领域，共著有三十二部著作。其中，天文领域的经典作品有《灵宪》《灵宪图》等；数学领域的贡献是《算罔论》；文学领域的代表作有《二京赋》《归田赋》等，其作品辞藻华丽、意境深远，与司马相如、扬雄、班固并称为"汉赋四大家"。

张衡所生活的东汉时期地震频发，给当时社会带来了深重的灾难。据《后汉书·五行志》所载，从邓太后摄政的永初元年（公元107年）至汉安帝延光四年（公元125年）这十八年间，几乎年年发生地震。张衡于阳嘉元年（公元132年）成功研制出了候风地动仪，这是世界上最早的地震监测仪器。

> 赵过在武帝晚年担任搜粟都尉，主掌经济事务。在关中地区及西北边郡，赵过总结出一种高效旱地耕作方法，即代田法，此法以较少劳作换取丰富的谷物产量。西汉时期，铁犁已得到广泛使用，赵过又对农具进行了重要改进，发明了三脚耧和耦犁，这两种农具的推广极大地提升了农民的耕作效率。

群里聊得热火朝天，却没聊到正事上，负责人子婴只好来委婉提醒。

秦汉帝王群(31)

秦王-子婴
表彰大会的名单定下来了吗？我还要去找李斯预定小篆字样的奖状呢。

西汉高祖-刘邦
不急不急，我们还有好多人才没提到呢。

秦王-子婴
[我就笑笑不说话 表情]

秦王-子婴
我看你们争的也没结果，咱们先安排一下文艺汇演吧。

九 · 年会之争

秦汉帝王群(31)

西汉元帝-刘奭
【表情:来啦来啦】

西汉元帝-刘奭
鄙人不才,粗通音律,为大家创作了一首歌,希望大家不要嫌弃!

秦始皇-嬴政
【表情:请开始你的表演】

西汉元帝-刘奭
🔉 12"

秦汉故事多,充满喜和乐～

西汉元帝-刘奭
【表情:格局打开】

235

划重点

秦统一六国后,李斯参与主持议定皇帝名号以及有关的礼仪制度,并坚持以郡县制取代分封制,参与制定秦律等。秦始皇驾崩后,李斯参与赵高、胡亥的阴谋,矫诏册立胡亥为帝。后赵高独揽大权,排挤李斯,李斯被杀。李斯著述甚多,所作《谏逐客书》是古代散文名篇,李斯的传世书迹有《泰山刻石》《峄山刻石》《琅邪台刻石》《会稽刻石》等。

公元前221年,秦始皇采纳丞相李斯的建议,推行"书同文"的文化政策,废除了各诸侯国遗存的古文字,确立了秦国大篆作为全国统一的文字标准。秦朝统一全国后,李斯在大篆籀文的基础上进行了简化与规范,创造了小篆这一汉字书写的新形式,实现了文字的统一。为了推广这一新的文字形式,李斯亲自编纂了《仓颉篇》,全书共分七章,以四字一句的形式呈现作为学习小篆的教材,供人学习和临摹。

过年了,今晚的皇宫灯火辉煌,欢声笑语此起彼伏。难忘今宵,明年春天再相会!